探究と対話を生む
中学地理
ウソ・ホント？授業

河原和之

明治図書

はじめに

新聞（『朝日新聞』2022年12月21日）に踊る**「広島のソウルフード　中東と平和の架け橋」「原爆の日に式典参列　望みは同じ」**の題字。“子どもたちに伝えたい”と気持ちが高揚した。

広島風お好み焼きの歴史を通して，戦後混乱期の広島の人々の思いとたくましさを知り，お好み焼きが，ヨルダンに広がっている事実から，ソウルフードが中東との平和の架け橋になったことを考える授業ができる。

広島風お好み焼きのお店は，「みっちゃん」「れいちゃん」「いっちゃん」など，人の名前をもじった店舗名が多い。なぜだろう？　ヒントを与える。広島風お好み焼きは原爆を投下された混乱期から始まっている。原爆で亡くなった子どもの名前？　あまりにも悲しい。太平洋戦争や原爆により未亡人となった女性たちが生きていくために，自宅を改装して店を始めたケースが多いのがその理由のひとつ。また，離ればなれになった家族に，居場所をわかりやすくする意味もあったという説もある。いずれにしろ，**戦時下・戦後でもたくましく生きてきた女性の姿が，お好み焼きの店舗名に体現されている。**「店舗名に“そんな深い思い”があるとは！」と，一気に授業に向き合う子どもたちの姿が想像できる。

歴史を紐解いてみよう。広島風お好み焼きの原点は，大正時代に大阪で誕生した「一銭焼き」だと言われている。水で溶いた小麦粉を薄く伸ばして焼き，その上にネギや粉がつおなどをのせ，駄菓子屋で販売されていた。広島風お好み焼きは，いろいろなトッピングをのせ「一銭洋食」を加工することで進化する。地理的条件や被爆後の混乱期から，この進化を紐解く。アメリカ占領下，食糧対策として小麦が供給されたことが大きい要因だ。海に面していたので，カキやエビなど海産物をトッピングした。価格の高かったネギの代わりに，安くてボリュームのあるキャベツをのせた。また，**戦後混乱期は，空腹の人が多く，腹持ちをよくするために焼きそばを加えた。「知る」**

ことから広島風お好み焼きの「具」「ソバ」をいっそう味わえるだけでなく，愛おしくなる。

広島風お好み焼きと「ヨルダン」との関係だ。2022年８月６日，「いっちゃん」の店を訪れたのは，広島平和式典に参列していたヨルダン駐日大使，リーナ・アンナーブだ。海鮮の入ったお好み焼きを食べると，「ヨルダンにいらっしゃいませんか？」と声をかけた。ヨルダンは中東にあり人口の９割以上がイスラム教徒である。店主は，豚ではなく鶏などを入れた，そばではなくパスタを上にのせるハラールお好み焼きを開発した。新聞によると，首都アンマンのショッピングモールの一角に臨時のお好み焼き屋をオープンすると，数時間で450人分が売れたそうだ。**広島風お好み焼きは，現地の文化や好みに合わせて広がっている。「ヒロシマ」の思いをのせて……。**

店主は，広島の戦後復興はお好み焼きとの関係を語り，お好み焼きには「秘めた力」があるとする。何だろう？　子どもに考えさせたい。

ヨルダン大使は，ヨルダン近隣の中東戦争に心を痛める。ヨルダンには200万人以上のパレスチナ難民が暮らす。また，シリア内戦では，60万人以上のシリア難民も受け入れた。「私たちは広島の人たちと同じことを望んでいる」と。「広島の人たちと同じこと」とは何か？　考えさせたい！

「探究・対話」型授業のイメージが可視化されている。「みっちゃん」から始まった「広島お好み焼き」授業は，被爆後の社会を背景に，多様な視点から，中東における「排除」と「包摂」の課題へとつながる。

この授業紹介後，学生からステキなコメントがあった。

「お好み焼きをひっくり返すのは“戦争”から“平和”へと転換すること！」

子どもたちが「意欲的」に学び，「学力差」のない「深い」感動を呼ぶ，そんな授業を目指したい。

2023年８月　河原和之

目次

原則，１章内，「　」は子ども，『　』は教師の発言。２章内は，Ｓが子ども，Ｔが教師の発言をさす。

100万人が受けたい！

探究と対話を生む
中学地理
授業デザイン

1章

探究と対話による地理学習

1 はじめに

「地理＝暗記」のイメージがなかなか克服できない。「山地」「河川」などの自然地理や「促成栽培」「過疎・過密」などの地理的事象を一夜づけで暗記し，試験が終わればすっかり忘れてしまう。期末懇談で，テストの成績が芳しくないと「社会科って覚えればいいんでしょう。なぜやらないの？」と叱責する保護者。「お母さんの言う通り。頑張ればできるよ」と担任の教師。

地理は，概ね中学校１年生で扱うことが多く「社会科＝暗記」を定着させてしまう。地理学習の目標として，学習指導要領には「課題を追究したりする活動を通して，広い視野に立ち，グローバル化する国際社会に主体的に生きる平和で民主的な国家及び社会の形成者に必要な公民としての資質・能力の基礎を育成する」とある。「探究」するには，「社会的事象の地理的な見方・考え方」が不可欠である。「地理的な見方・考え方」を育成するために，後述する〈地理学の５大テーマ〉（p.11）を意識した授業づくりが必須である。

過去においては，地理学習を「日本残酷物語」と揶揄する時代があった。

九州・中国四国地方は，「基地問題」「水俣病」「山陰・南四国の過疎」「広島原爆」……そして，東北・北海道地方は「出かせぎ」「大潟村の米作り」「アイヌ問題」などのテーマを学ぶ授業である。地理的諸課題を一面的に教えることも多く，多面的・多角的に考察し，議論を踏まえ，公正に思考・判断するということには課題があった。

一方で，「探究」を重視するあまり，子どもの「学力差」や「興味・関心」を考慮しない授業も少なからずみられる。「探究」「対話」は，子どもたちが「考えたい」「一言言いたい」と思うテーマや発問，そして討議課題の設定が不可欠である。本章では，これまでの私の実践を紐解きつつ，子どもの実態を踏まえ，「暗記」から「探究」「対話」型地理学習へと転換する授業について提起する。

2 暗記地理学習はやめよう ～三大洋の授業～

太平洋と大西洋，最初に覚えなければならない地名である。テストになると「大平洋」「太西洋」などと書く生徒も多い。それでは，どうして「太平洋」は「太」で「大西洋」は「大」なのだろうか？　単なる暗記ではなく，「う～ん！　なるほど！」という“納得感”のある授業をしたい。

三大洋ってどこの海か書いてみよう

と指示し，机間巡視をする。「太平洋，大西洋，インド洋」という生徒がいれば，『このように書いている人がいますがどこか間違ってる？』と問う。

三大洋の一つの「大西洋」は，どうして「大西洋」と書くのか？

という問いは効果的である。

「大きい西の方にある海という意味」

「でも，日本からみれば東の方にあるのでは」

「ヨーロッパの人が大西洋という名前をつけた」

『以前，西の大洋を意味する“Oceanus Occidentalis”（板書すると，「すごい」の声）と呼ばれていました。しかし，中国人からすると，どう考えても西の方角ではない。「大」は「果て」「遠い」を意味するので，「西の大洋」と合わせて大西洋という名前にしたのです』（とぼけながら）

あれ？　どうして太平洋の「大」には「点」があるのだろう

ア　ハワイをあらわすために，大きいの中に「、（点）」が必要だった
イ　この海は，大というより太いというイメージだから
ウ　海が平穏無事なので，太平な海という意味である

意外と意見が分かれるのが面白い。

＊1500年の中頃，マゼランが世界一周した折，太平洋を横断した際，あまりの無風平穏ぶりに驚き，“太平なる海洋”と命名したことに基づく。したがって答えはウだ。つまり大西洋と太平洋は，大と太いの違いにとらわれすぎて，タイ（平洋＋西洋）とする過ちを犯しやすい。「太平＋洋」と「大＋西洋」とすればわかりやすい。地名にも「意味」があることや，その由来等を学ぶことから「地理っておもしろい」と実感させたい。

ちなみに，定期テストの，三大洋の位置と名称を問う問題では正答率は100％であった。

3 暗記社会科から見方・考え方へ ～高松市でうどん消費量が多いワケ～

「地理的事象がなぜそこでそのようにみられるのか」「なぜそのように分布したり移り変わったりするのか」などの地理的な見方・考え方を軸にした授業を展開する。「米」「うどん」「茶」「みかん」「リンゴ」などから，適時選択し，地理学の５大テーマを意識しながら立地条件を考察する。

『丸亀製麺に行ったことのある人？』『高松市まで日帰りでうどんを食べに行ったことがある人？』などを聞く。高松市は，うどんの消費量が日本一であり，全国の平均消費量と比べた際，高松市は，年間約22kgで全国の約２倍（2020年）であることをクイズで確認する。

グループで「高松市でうどん消費量が多い理由」を考える

①（ア）の瀬戸内気候が（イ）の栽培に適している
②上記気候を利用して（ウ）の生産が盛んであった。これがうどんの“しこしこ”感の秘訣である
③小豆島では，今も，うどんに不可欠な（エ）が製造されている
④だし汁に使われる“いりこ”の原料の“かたくちいわし”が獲れる

答え：ア　温暖少雨／イ　小麦／ウ　塩／エ　醤油

＊うどん製造に必要な「小麦」「塩」「醤油」の三拍子がそろった風土なのだ。また，江戸時代から琴平宮（金比羅さん）への参拝が盛んで，うどんがふるまわれた歴史的要因も大きい。

「高松市＝うどん」という暗記地理ではなく，歴史的背景を踏まえ，「地方的特殊性」（気候，位置，場所）から考えることが大切である。

〈地理学の５大テーマ〉

「位置や分布」：「それはどこに位置するのか，それはどのように分布するのか」という問いである。「位置」には「絶対的位置」と「相対的位置」があり，多様な視点から地理的事象を分析する。

「場所」：場所は自然的にも人文的にも多様な特徴を示す。自然的特徴には，地形，土壌，気候，水，植生，動物，人間生活などがある。「それはどのような場所なのか」を問い「地方的特殊性」と「一般的共通性」を探る。

「人間と自然環境との相互依存関係」：「そこでの生活は，周囲の自然環境からどのような影響を受けているか」「そこでの生活は，周囲の自然環境にどのような影響を与えているか」の問いや人々の生活と自然環境との密接な関わりから地理的事象を考察する。

「空間的相互依存作用」：「そこは，それ以外の場所とどのような関係をもっているのか」を交通や通信等，他地域の結び付きから考察する。

「地域」：「その地域は，どのような特色があるのか」「この地域と他の地域ではどこが異なっているのか」という問いから地域の特色を明らかにする。

4 マイナスをプラスに変える ～みかん栽培～

教室に「みかん」「梅」「お茶」「海苔」を持参し『今日は，この４つの関係性を考える授業です』と興味を喚起させる。『最後までしっかり聞いていないとわからないですよ』とさらに付け加える。

みかん栽培のベスト３は？

小学校での既習知識である。答えは「和歌山」「愛媛」「静岡」で，年により順位が入れ替わるが不動の位置にいる。

なぜ，この３県でみかん栽培が盛んなのか？

和歌山県から考えてみよう。全国47都道府県で，水田率が低いのは，東京都や沖縄県であるが，意外と知られていないのが和歌山県（29.4％）である。

和歌山県の山地，平野，海，海流を地図帳で確認する

和歌山県は山地が海岸まで迫っており，稲作に適した平野が少ない。「山地が海岸まで迫っている」という稲作におけるマイナス要因は，「斜面があり日当りがいい」というプラス要因でもある。また，和歌山県は，沖合を黒潮が流れ「温暖な気候」がみかん栽培に適している。

和歌山県で梅の生産が断トツのワケ

みかんからは脱線するが，和歌山県の「梅」も同様である。和歌山県の梅の生産は2020年，年間41300ｔで断トツである（２位の群馬県は5190ｔ）。江戸時代，紀州田辺藩が年貢が少ないことに対して奨励したのが「梅」栽培である。

明治期の戦争で梅が重宝されたのはなぜ？

日清・日露戦争では軍用食として“梅干し弁当”が重宝され生産量が増えた。また，梅干しには殺菌効果があり，スーパーやコンビニの弁当やおにぎりにも利用される。「米作に不適」というマイナスをプラスに転化した事例である。人間は，周囲の自然環境から影響も受けるが，自然環境を改変する。（人間と自然環境との相互依存関係）

静岡県でみかん栽培が盛んなワケ

お茶から紐解く。静岡県は，日本有数のお茶の産地である。新茶は５月頃収穫され11月くらいまで販売される。茶樹は年平均気温13度から22.5度で育ち，静岡県の親潮が流れ比較的温暖な日当りのいい斜面が適している。お茶の生産ベスト４は「静岡」「鹿児島」「三重」「宮崎」であるが，それぞれの共通性から，「なぜそのような分布の規則性，傾向性を示すのか」を考えることが大切だ。

討幕で慶喜は殺されたの？

静岡は，江戸幕府15代将軍慶喜の幽閉先である。慶喜は，茶の栽培を奨励するとともに，失業した士族の仕事保障を行い，茶栽培は，安倍川中流域から牧の原へと拡大した。また，明治時代になり橋がつくられ，大井川の“渡し”に従事していた人々が失業し，その救済として携わったのも茶栽培である。

茶栽培とみかんとの関係

そして「みかん栽培」だ。茶栽培は，気候の変化により，収穫量が不安定である。価格の変動に伴うリスクを回避するため，明治中期に和歌山県から苗木を導入し，みかん栽培がはじまる。歴史的背景を踏まえた「地方的特殊性」から深い学びへと発展する学習が重要である。

「みかん」をはじめ「梅」も“マイナスからプラスへ”の転換から始まったとはおもしろい。「人間と自然環境との相互依存関係」とは，人間が自然環境を多様に利用することである。自然からの影響を受けるが，自然との調和から新たなモノを生み出す。

なぜお茶さんでは海苔を売っているの？

最後に「海苔」である。お茶屋さんに行くと，お茶以外の「海苔」を販売しているケースが多い。お茶は「畑」，海苔は「海」，この“ズレ”が興味深い。この謎を解くカギは“旬”と“湿気”である。新茶が出回るのは４月から５月頃で10月くらいまで販売される。一方，海苔は，11月頃から翌年３月まで採れる。つまり，お茶と海苔を店頭で販売することで経営が維持できる。また，**お茶と海苔の共通の弱点は湿気であることから，太陽があたらず湿気の少ない場所で販売される。マイナスをプラスに転化する「人」の営みはスゴイ。こんなことも地理学習で学びたい。**

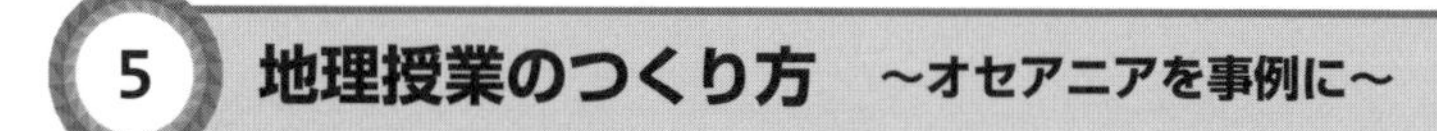

5 地理授業のつくり方　～オセアニアを事例に～

❶　この国はどこ？

ペアに『「面積は四国くらい」「人口約28万人」，何という国だろう？』と問い，ヒントとして旗を示す。

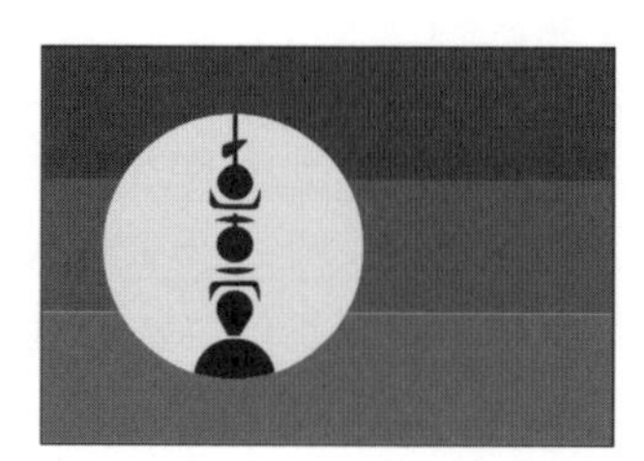

「簡単だわ！　地図帳に世界の国旗が載っているから」

「あまりみない国旗だし，面積が四国くらいだから島国では？」

「オセアニアでは？」

「ええ！　でもこんな国旗の国ないよ」

「次のヒントがほしい」

『第二ヒントです。この国はフランスの海外領土です』

「ええ！　アフリカとか？」

「マスカリン諸島はフランスの海外領土になっている」

「でも四国より面積は狭い」

『第三ヒント。平均寿命は男性78歳，女性85歳（2023年），2018年に独立を問う住民投票をしましたが否決されました』

「平均寿命も長いし，今のままでいいって現状に満足してるんだ」
「観光などで儲けている島国では？」
そして「ニューカレドニア」にたどり着く。

〈授業づくりのポイント1〉
地図帳を使い，ヒントを与えつつ想像と検証の旅をする。「地名探し」をグループで競い，月ごとに集計し，１位と２位には賞状を授与する。

❷　ニューカレドニアって

オセアニアにある，ニューカレドニアの位置を確認し，観光写真の数枚をパワーポイントで紹介する。
「ええ！　海がきれい」「旅行に行ってみたい」などの声。以下の問いが効果的だ。
ニューカレドニアは，フランス領で白人の定住も進んだが，マラリアなどの病気もなく，海洋に隔てられていることから，過去においてはヨーロッパ諸国の「何か」に利用されていた。何か？
ペアワークを１分程度行う。
「いいこと？」「別荘地では？」「旅行先」「女王さまの保養地」などポジティブな意見が多い。答えは犯罪者の「流刑地」である。
追加情報として，1865年には，ニッケルが発見され，その労働力確保のため，ベトナム，ジャワ，日本などのアジア系移民を受けいれた。

〈授業づくりのポイント2〉
ニューカレドニアについて「独立はしたくない」「過去においては流刑地」など，「何だろう？」「えっ！　ウソ？」「ちょっと違う」「一言言いたい！」といった“驚き”“葛藤”“矛盾”“対立”のあるネタを紹介する。また「ICT の活用」「グループ討議」「ペアワーク」を適時導入する。

❸　オーストラリアも流刑地だった！

オーストラリアの国旗を示し，イギリス連邦の一員であることを確認する。
「ヴィクトリア湖」「ニューサウスウェールズ州」などを地図帳で探す。
イギリス女王などに関する地名からイギリスの植民地であったことを学習する。

サンタクロースは，クリスマスにソリではなく，何でやってくるか？

南半球なので，季節が逆になり，サーフィンに乗ってやってくる。

グループで，次の（ア）（イ）に当てはまる言葉と動物を考える

> 1770年，イギリス人クックがシドニーに上陸。1788年にアーサー・フィリップが，約1500人を率いてやってきた。そのうちの約半数が（ア）で，また29頭の（イ）が送り込まれた。

（ア）は難解なようだ。（イ）は，「コアラ」「豚」「犬」など盛り上がっている。“学力差のない” クイズ的な課題も必要だ。正解は「犯罪人」「羊」である。

笑えるエピソードも紹介したい。

オーストラリア大陸に上陸したイギリス人が，後足２本としっぽで立ち，おなかに袋をもつ奇妙な動物を見て，「あの動物の名前は何？」と聞いたところ，先住民のアボリジニは「カンガルー」と答えた。「カンガルー」とは，アボリジニの言葉で何？

答えは「知らない」であり，本当に「知らない」という返答をする生徒がいる。教室は笑いの渦である（笑）

〈授業づくりのポイント３〉
　エピソードを軸に授業を展開し，楽しく，何でも言える雰囲気を醸成する。そのためには，間違っても“恥ずかしくない”発問が不可欠だ。オーストラリアはイギリスの植民地で，過去においては流刑地であったことを確認したい。また“笑い”も大切だ。私は，笑わせるのが苦手なのでネタを使い，笑いを誘っている。

❹　なぜ流刑地？　なぜ羊が？

「社会科（地理）＝暗記」ではなく「探究」する教科であることを具体的事例から確認したい。

なぜ1770年頃にオーストラリアは流刑地になったのか？　当時のアメリカとの関係から考えてみよう

「……？？？？」である。歴史は既習ではないので，スモールステップの発問が不可欠だ。

アメリカは1776年にイギリスとの独立戦争をしている。流刑地はそれまではどこだったのか？

「アメリカ？」
「流刑地がアメリカからオーストラリアに変わったんだ」
『どうして，ヤギでもなく豚でもなく羊なのか？　オーストラリアの気候，イギリスの産業，オーストラリアとの距離から考えよう』
「羊は乾燥地帯で生きていける」
『当時のイギリスは産業革命期で，羊毛工業が発達していました』
「イギリスって１年中寒そう」「羊の毛からつくる羊毛が必要だ」
『あえてオーストラリアで飼うこともないのでは』
「面積も広く気候も最適」「飼料も多い」
『オーストラリアとイギリスはかなり距離があるよ』
「羊毛は腐らないから大丈夫」

『イギリスの産業革命を支えるために羊が送り込まれたってことだね』

＊歴史的背景はイギリス「産業革命」期であり，気候からしても生活には羊毛が不可欠であった。当時，イギリスの植民地であったオーストラリアは乾燥帯であり，羊の生育条件に適していた。

〈授業づくりのポイント4〉
　社会科は，暗記ではなく探究する教科である。歴史的背景を踏まえ「位置や分布」をはじめ「場所」「人間と自然環境との相互依存関係」「空間的相互依存作用」「地域」の見方・考え方から分析できる。

❺ 肥満が増えるオセアニア

　学習指導要領には「広い視野に立ち，グローバル化する国際社会に主体的に生きる平和で民主的な国家及び社会の形成者に必要な公民としての資質・能力の基礎を育成する」とある。身近な問題である「肥満」について取り上げる。先進国の食生活が島々にも押し寄せ，肥満が増え健康被害も増加している。

　日本の肥満率（BMI25以上）は27.2％で166位と低い（2016年）。肥満率が最も高い国を以下から選ぶ。
アメリカ合衆国／ブラジル／ロシア／ナウル／バングラデシュ／ドイツ

「ナウル」「バングラデシュ」については位置がわからない生徒が多く，地図帳で確認する。「アメリカ合衆国」を選択する生徒が多い。

　理由は「ファストフードを食べるイメージ」「テレビの映像を見ると太っている」など。続いて「ロシア」「ブラジル」が多い。

　少数だが「バングラデシュ」を選択する生徒も。

　もったいぶりながら，答えを言う。

『バングラデシュを選んだ人もいますが，最も肥満率が低く，わずか4.5%です（笑）。……アメリカという答えが多いようですが最も高い肥満率は70%を超える……ナウルです（「ええっ！」の声)』

２位以下は「クック諸島」「トンガ」「サモア」「パラオ」「マーシャル諸島」「キリバス」などオセアニアの国々の肥満率は高い。

なぜ，オセアニアの国々で肥満率が高いのか？

「海に囲まれた島国ばかりなのにどうして？」

「島では魚を食べる人が多いから太らないのでは？」

「島なので運動不足？」

『南太平洋の島々では，タロイモ，ヤムイモ，魚，ヤシの実，豚，ニワトリを食べていました。グローバル化により，何が輸入されるようになりましたか？』

「ハンバーガー」「肉」

『アメリカからは肉類，例えば，七面鳥の尻部，オーストラリア，ニュージーランドからは羊の皮が輸入されました。これらの価格は？』

「安い」

『地元産の魚は，羊の皮や鶏より，15%から50%高いようです』

「そりゃ，安い方を買うよね」

〈授業づくりのポイント５〉

地理学習では，地域や日本そして世界の社会問題を扱う。社会科の目標は，平和で民主的な社会形成に向け，課題解決に資する資質・能力を育成することである。

❻ ナウルの肥満率が高いワケ

ナウルは，過去において，リン輸出の外貨稼ぎで，国家財政が豊かであった。

〈ナウルあるあるクイズ〉ア～オで正しいものはどれか？
ア　全年齢層に年金が支給される
イ　高校生，大学生は国のカネで海外留学ができた
ウ　トイレも国が掃除してくれる
エ　個人住宅の片付けや掃除のために，国が家政婦を雇った
オ　国民が仕事に出かけるために毎朝起きる必要がない

答えはすべて「○」。

1990年代から，リンがなくなると，国家財政は破綻し，国民のほとんどが労働を知らない国になってしまった。働かない人が多く肥満率に影響を与える。

〈授業づくりのポイント６〉
ナウルの肥満率と「自立経済」との関係から「深い」学びへとつなげる。また，肥満が増えると健康を害し，医療費が増える。医療機関が不十分な島国では，十分な治療ができない。また逆に，肥満率の低い国々は，タンザニア，ギニア，ソマリア，ケニアなどのアフリカ諸国である。これらの国々では「飢餓」が進行している。

❼ 地球温暖化と海底に沈む国々

2022年11月エジプトで開催されたCOP27で，地球温暖化による「損出と被害」を被った国々への救済策が焦点になった。「洪水」「干ばつ」などの気

候災害である。

オセアニアではツバル，フィジー，モルディブなど，海面上昇で「国（島）」そのものが消滅する危機が迫っている。温暖化が進行することによって，氷河や永久凍土など，陸地にあった氷が溶け，年々海面が上昇し，このままのスピードで温暖化が進むと，水没してしまうと言われている。

先進国の大量消費が温暖化を起こし，対極にあるツバルなどの南太平洋諸島が被害を受けている。

〈授業づくりのポイント7〉

リアルタイムの時事ネタを使い，日本や世界に関わる諸事象について，よりよい社会の実現を視野に，諸課題を主体的に追究，解決する態度を養う。

授業を終え，教室を出ようとすると「社会って面白そう」「けっこう深い」「大人の勉強みたい」などの声が聞こえる。やんちゃな男の子も，拗ねたような女の子の顔もほころんでいる。そんな授業をしたい。

【参考文献】

・ジェシカ・ウィリアムズ『世界を見る目が変わる50の事実』（草思社）2005年

・北村明裕編著『子ども熱中！　中学社会「アクティブ・ラーニング」授業モデル』（明治図書）2015年

・河原和之『「本音」でつながる学級づくり　集団づくりの鉄則』（明治図書）2014年

・河原和之『100万人が受けたい「中学地理」ウソ・ホント？授業』（明治図書）2012年

100万人が受けたい！

探究と対話を生む
中学地理
授業モデル

2章

アメリカがグリーンランドを買収？

1 100万人が受けたくなる！　ウソ・ホント？　授業のねらい

メルカトル図法を使い，日本から東に行くと，アメリカに到着する。しかし，実際の東は，南アメリカ大陸のチリである。なぜそうなるのか？　球体を平面に表す地図には，それぞれ有効性と課題があることを理解させる。また，オーストラリアとグリーンランドを比較すると，地図上では同じような面積だが，実際は圧倒的にオーストラリアが広い。球体である地球を平面の地図に表すことの難しさを考えさせる。

2 学びを深める！　教材研究の切り口

地球儀と地図との齟齬を，いろいろな方法で教えてきた。宇野仙『SDGsは地理で学べ』（筑摩書房）を読んだ。本書は，地球温暖化により北極海の氷が溶け，船舶の航行が可能になるという興味ある題材からSDGsとの関係を紹介していた。アメリカがグリーンランドを購入しようとした事実は，子どもたちの興味をひく。「それぞれの地図の長所と短所」を「北極海の航路」から考察する題材である。

3 対話を引き出す！　探究的な授業展開プラン

❶　メルカトルの錯覚にだまされるな［方位］

メルカトル図法の世界地図を示す。教室に方位磁石を持参し，「東はどちらかな？」と問い，チョークで東を示す箇所に印をつける。

T：この方角に先生が歩いて行くと，どこに到着するでしょう。

「壁を突き抜けるのですか」「海も歩くのですか？」などという突っ込みも。

T：そうです！　歩いて行きます（笑）

S：地図だとロサンゼルスだ。　**S**：アメリカ合衆国のどこかだな。

「チリ」「ブラジル」と答える生徒も。

❷　東京中心の「正距方位図法」

東京中心の「正距方位図法」を投影機で示す。この地図は，図の中心からの距離と方位が正しい地図である。最短距離がわかり，方角が正確なので航空機などで使う。

> **発問**
>
> この地図でみると，東京の真東はどこか？

S：南アメリカのチリ。

T：チリで地震が起こったときに，日本にまで津波がやってきたのもこの理由によります。

地球儀を教卓に置き，東の方角に指でたどる。見事に，チリに到着する。

S：先生！　緯線に沿って動かさなきゃ。

T：地球は，少し傾いているんだよ。だから地球儀もそのようにつくられているよね。このように真東に行くと，南アメリカに到着します。

❸ メルカトルの錯覚にだまされるな［面積］

発問

（メルカトル図法で）グリーンランドとオーストラリアのどちらの面積が広いか？

圧倒的に「オーストラリア」。

T：理由は？

S：オーストラリアは大陸だから。

S：この地図の面積がおかしい。

T：地球儀で確かめると，オーストラリアが圧倒的に広い。どうして？

S：地球は球体だから，平面に直すと，緯度が高いほど面積が広くなる。

グループ討議

メルカトル図法は，主に海図に利用される。この図法の長所と短所を考えよう。

〈長所〉

・国の位置がよくわかる

・見慣れているので，わかりやすい

・地図上の２点を結ぶ直線が，経線に対して等しくなる

〈短所〉

・高緯度になるほど面積が大きくなる

・高緯度になるほど形が不正確になる

・距離と方位もおかしい

❹ アメリカが買収しようとした島

グループ討議

2019年，アメリカがトランプ政権時代，アメリカの近くにある島を買収しようとした。何という島か？　その理由を含め考えよう。

S：アイスランド？　**S**：確かに近いね。でも独立国では？
S：カリブ海あたりでは？　**S**：ジャマイカ？　**S**：どこどこ？
S：ジャマイカってけっこう面積が狭いんだ。
S：陸上で有名だからアメリカはほしいかも。
S：キューバは？　**S**：ロシアと仲良しでは？　**S**：それはダメだね。
S：どこだろう？　**S**：グリーンランドは？
S：いきなり大きい島になったね。　**S**：でも雪に覆われている感じ。

このグループは「ジャマイカ」。

❺ グリーンランドの魅力

答えはグリーンランドだが，デンマークの自治領なので猛反発だ。

考えよう

なぜ，アメリカは，グリーンランドがほしいのか？　地球儀をみて考えよう。

S：ええ！　グリーンランドとヨーロッパ諸国は近くなんだ。
S：イギリスやノルウェーも近くにある。
S：ワシントンからだとけっこうな距離がある。
S：グリーンランドをほしい理由は，船によるヨーロッパ諸国への輸送が便利になるからだ。
T：でも残念ながら，このルートは年間を通して就航することは難しいんだ。なぜかな？
S：一年中は無理ってこと？

S：かなり緯度が高い箇所にあるから冬場は凍る。

S：地球温暖化で冬も通行可能になったってこと？

T：現在は，海氷が接岸する期間が短くなり，一年を通して北極海を通航する航路が可能となりました。

S：温暖化によってプラスになることもあるんだ。

❻ 日本からヨーロッパ諸国へ

考えよう

日本からヨーロッパ諸国へ航海するのはどうだろう。

S：日本からヨーロッパ諸国って，けっこう遠いよね。

S：パナマ運河を通って行くかな？

S：遠いよ！　スエズ運河もけっこう遠い。

T：スエズ運河を経由しヨーロッパ諸国に行く距離は21000㎞ですが，北極海航路だとどれくらいかな？

S：地図でみると遠いように思うけど，高緯度は，地球は球体だから意外と短いのでは？

S：15000㎞くらいかな？

T：約13000㎞と移動距離が約３～４割短くなります。

＊多少の氷に囲まれても堪える特殊仕様の船舶にするために建造費が高くついたり，ロシア政府が北極海沿岸を航行する船舶に対して砕氷船の先導を義務付けているため追加費用がかかる。もちろん，北極海沿岸が年中「氷で覆われた地域」でなくなれば，ロシアによる砕氷船の先導の必要がなくなる。

4 授業のふり返りと探究・対話のポイント

前半の地図と地球儀は，“見えるもの”の背後にあるものに気づき，“科学する”ことの楽しさを感じてほしい。授業後半部分の「なぜ，アメリカは，グリーンランドがほしいのか？」は，現在，生起しているさまざまな事件や現象の背景を探究しつつ，球体の地球を平面に描くことの困難性を考えることができる。

日本にとっては，東南アジアから北極海に船舶が向かうようになると北方領土を含む千島列島が重要な場所になる。ロシアとの領土問題の解決は急務である。

本稿では，地球温暖化による変化をポジティブに捉えたが，「得る」ものより，「失う」もののほうが多いことは肝に命じておくべきだ。

【参考文献】

・宇野仙『SDGs は地理で学べ』（筑摩書房）2022年

・河原和之『続・100万人が受けたい「中学地理」ウソ・ホント？授業』（明治図書）2017年

日本の領土が広がったのは アホウドリのおかげ？

1 100万人が受けたくなる！ ウソ・ホント？ 授業のねらい

日本の領土をめぐり対立があるのは，中国との尖閣列島，韓国との竹島，ロシアとの北方領土である。中学校学習指導要領解説（社会編）では「我が国の海洋国家としての特色を取り上げるとともに，竹島や北方領土が我が国の固有の領土であることなど，我が国の領域をめぐる問題も取り上げるようにすること。その際，尖閣列島については我が国の固有の領土であり，領土問題は存在しないことも扱うこと」と記されている。学習指導要領の基調は“多面的・多角的な考察”であるにもかかわらず，領土については，「固有の領土」であり「領土問題」は存在しないと述べられている。通常，当該国の領土は「先占」と「実効支配」の２つから決定される。「先占」とは「無主の土地（無主地）に対し，他の国家に先んじて支配を及ぼすこと」であり「実効支配」とは，「支配権を主張する現地に実際に軍隊などを駐留させている場合など」である。「尖閣列島」については，アホウドリによる羽毛工業が行われていた「先占」が領土であることの根拠となっている。

2 学びを深める！ 教材研究の切り口

日本人は富豪になる一遇のチャンスを逃すまいと，アホウドリなどの鳥類を求めて，東はハワイ諸島へ，西は南シナ海へと進出した。この「バードラッシュ」の結果，周辺の無人島は，次々と「日本」に編入され，日本の領土は拡大した。このことが領土問題の「先占」を考える糸口になることを知り，教材化を試みた。

3 対話を引き出す！　探究的な授業展開プラン

❶ 日本の海洋面積

発問

地図帳から，日本の東西南北の端を確認しましょう。

①東　　　／②西　　　／③南　　　／④北

答え：①南鳥島／②与那国島／③沖ノ鳥島／④稚内（択捉島）

＊日本の排他的経済水域面積は，アメリカ合衆国，オーストラリア，インドネシア，ニュージーランド，カナダについで世界６位である（2004年）。

考えよう

それぞれの島はどの都道府県に属しているのだろう。

①　　　／②　　　／③　　　／④

答え：①東京／②沖縄／③東京／④北海道

「へっ！　２つも東京都に属しているって知らなかった」の声。意外性のある問いは学習意欲を喚起する。

考えよう

沖ノ鳥島の排他経済水域面積と日本の国土面積とどちらが広いのだろう（排他経済水域とは200海里＝約370㎞のこと）。

＊日本の南端にある沖ノ鳥島の排他的経済水域は，約430000㎢で，日本の国土面積より広い。

❷ 南鳥島って？

クイズ

東端の南鳥島ってどんなところだろう？　正しいと思うものに○をしよう。

①定住住民含め誰も住んでいない
②飛行場や波止場がある
③郵便物は届かない
④本州から1800kmのところにあり，航空機で約４時間はかかる
⑤気温は熱帯であり最低気温も20℃をくだることはない

答え：

①×：市民定住者は居住していないが，自衛隊員，気象庁職員約10名ずつが常駐している

②○：1370ｍの滑走路がある

③○　④○　⑤○

意外性のある「南鳥島」の現状なので集中し取り組んでいる。

❸ なぜ南鳥島が……

ペアワーク

南鳥島は，1896年，水谷新六さんにより発見され，1898年に日本の領土になった。この頃，日本人は伊豆諸島の八丈島から尖閣列島を含めた沖縄諸島に上陸した。なぜだろう。

S：海洋資源を求めて。　**S**：海洋資源って？　**S**：魚かな？

S：日本の領土や領海を広げようとした。

S：その時代はそんなことはないのでは？

S：領土と言えば台湾や朝鮮半島では？

S：島々には巨万の富を生むモノがあったかな？

S：魚しか思いつかない。　**S**：島にいる動物。

写真を提示し「アホウドリ」であることを確認する。

S：へっ！　かわいい。

S：明治になり洋風の家ができたから飼うようになったとか？

S：そんな余裕はないって。

T：両翼の長さは，約2.4mもあるんだ。

S：羽毛を何かに使ったとか？

T：高級婦人帽や頭飾りの原料として使用されました。

S：日本で？

T：ヨーロッパ，とりわけフランスですね。

❹　アホウドリと領土拡大

クイズ

アホウドリに関するクイズを行う。

①棒を使って捕獲するが，１日で一人あたり何羽くらい捕獲できたか。

10羽／50羽／200羽

②ある人が，15年間で捕獲したのは何万羽か。

300万羽／600万羽／1000万羽

③年平均どれくらいの売上があったか？

（当時総理大臣の年棒は約１万円）

約１万円／約５万円／約７万円

答え：①200羽，人間を恐れない。飛び立つ際に助走が必要
　　　②600万羽　③約７万円（現在の価値では10億円に相当）

＊富豪になる千載一遇のチャンスを求めた先人の思いによって領土は拡大した。

❺　尖閣列島とアホウドリ

1884年に古賀辰四郎が尖閣列島を探検，その後，同島の貸与願いを行い1895年尖閣列島を日本領に編入した。“無主の地”を“先占”したのである。

考えよう

アホウドリは現在，生息しているのだろうか？

挙手させる。半々に分かれる。

T：アホウドリは日本の特別天然記念物で捕獲は許されていません。

S：ってことは生息しているんだ。

T：150年ほど前までは北西太平洋の島々に広く分布し，少なくとも数十万羽いたと考えられています。

S：数十万って多いよね。

T：19世紀後半から20世紀前半にかけて羽毛採取のため乱獲され，絶滅寸前になった。何羽くらいになったかな。

S：１万。　S：5000。　S：えっ！　もっとかな？　S：100とか。

S：えええええ。

T：45羽まで減少しました。現在，アホウドリの繁殖地は，世界でもたった２箇所，伊豆諸島の鳥島と，尖閣諸島に生息するだけです。

4 授業のふり返りと探究・対話のポイント

明治初期，日本人は，羽毛が高く売れたアホウドリを求めて，どんどん南の島々に出ていった。アホウドリによる経済的利益というインセンティブが，日本の領土を拡大していった。だが，それがアホウドリの絶滅危機をもたらした。マイナス要因はあるが，経済利益を求めて南太平洋の島々を探し求めた先人には賛意を表明したい。

日本は，戦争により「台湾」「朝鮮半島」を植民地にしたが，ロシア（ソ連）は，第二次世界大戦後「北方領土」を占領した。“戦争”で得た「領土」は「実効支配」が行われていても，返還しなければならないのではないだろうか。そうした疑問を取りあげることも，考えを深めることにつながる。

【参考文献】

・村瀬哲史『常識なのに！　大人も実は知らない小学社会科のギモン』（宝島社）2020年

・山田吉彦『日本は世界４位の海洋大国』（講談社）2010年

・孫崎亨『日本の国境問題』（筑摩書房）2011年

時差

なぜアメリカにあるのに中国にはないの？

1 100万人が受けたくなる！　ウソ・ホント？　授業のねらい

生活場面と結び付けて時差や日付変更線に関する見方・考え方を身につけ，時差計算ができるようになる。

2 学びを深める！　教材研究の切り口

時差単元の扱い方は，数学の力が必要なので「時差」の計算は，難解と思う生徒が多いが，以降の単元理解に影響を与えることもない。深入りして，いきなり“社会科嫌い”な生徒をつくらなくてもいい。「時差」に対する見方・考え方を培うことに重点を置き，「時差計算」は選択制で，個に合った課題を与えるのが望ましい。

3 対話を引き出す！　探究的な授業展開プラン

❶ 世界は今何時？

海外で行われるオリンピックをはじめ，サッカーやラグビーW杯のテレビ放映時間の時差から導入する。

ペアワーク

地球上の位置によって時刻が異なる。さて，今は，日本時間では1月1日午前9時だ。地図帳から，世界のさまざまな地域の時刻を考えよう。

順次，問題を出題し，挙手制で正解を競う。「ハイハイ」という歓声とともに授業が盛り上がる。

S：北京（1月1日 AM8時）。　**S：**カイロ（同 AM2時）。

S：ロンドン（AM0時）。

東経の場合は，日本の経度（135度）－カイロは30度＝105度。105度÷15度＝7時間の時差を確認。

S：ニューヨーク（12月31日午後7時）。

S：リオデジャネイロ（同午後9時）。

日本からロンドンまでの時差は9時間。西経（ニューヨーク）の場合は，西経75度÷15＝5時間のロンドンとの時差を確認。

❷ ロシアとアメリカ，中国の時差

発問

東西に長いロシアの時間帯は「9」「10」「11」のどれか？

「9」「10」に集中するが「11」である。ロシアでは9の時間帯に区切っていたが，2014年からは，「11」となっている。

調べよう

世界地図から，中国は東経何度から何度にあるか？　また，アメリカ合衆国は西経何度から何度までか？

S：中国（東経75度～135度）。

S：アメリカ（西経120度～60度（アラスカは除く））。

通常だと時差は端から端までで4時間であることを確認する。

グループ討議

ほぼ同じ経度差なのになぜアメリカには時差があり，中国には時差がないのだろう。

S：ファジーって感じであまり気にならないのかも。

S：４時間の時差って東側は12時のお昼なのに西側は朝の８時だよ。

S：中国は，東側に主要な都市があるからでは。　S：それいいね。

＊中国は北京が標準時である。中国の人口は，13億人であるが，中東域に12億人が住んでいる。しかも東経120度には，大都市の北京と上海が通る。西域は少数民族が多数で，その意見はあまり反映されていない。

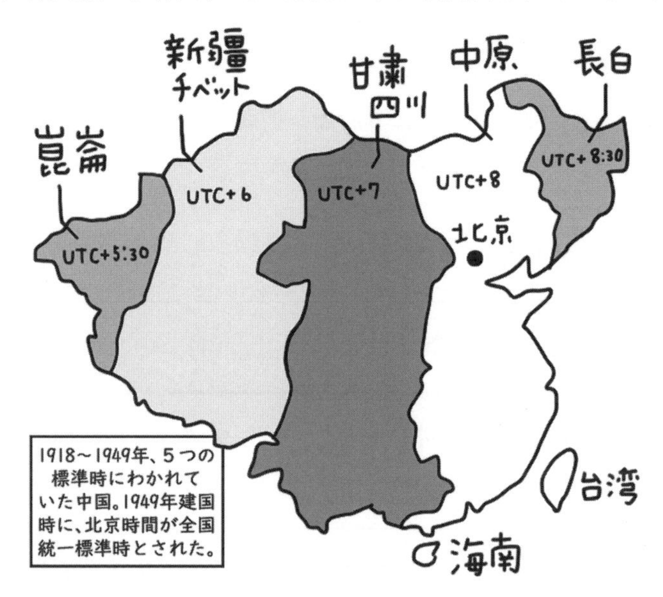

❸ 日本の標準時

考えよう

日本の標準時は，東経135度の明石市だ。なぜ明石市に設定されたのか？

S：明石市が名乗りを上げた。

T：そうです。標準時135度には明石市以外にも多くの都市がありますが，明石市に決定されたのは，そのアピールによります。でも，なぜ135度なのでしょう。

S：15度刻みでないと時差が計算しにくい（笑）

S：東京だと小数点になる。

T：日本の東西のほぼ中間にあるので，比較的，時差による不便さが少ないのがその要因です。

❹　経度の基準点

発問

イギリスのグリニッジ天文台が経度の基準点となったのはなぜだろう。

S：世界の中心にあるから。

T：でも，アメリカのニューヨークでも，中国の北京が中心でもいいのでは？

S：経度を決める頃はイギリスが世界の中心だった。

T：1884年に27ヵ国が参加し，国際子午線会議が開かれ，多くの植民地をもち栄華を極めていたイギリスのロンドンに決定されました。

❺　日付変更線

グループ討議

日付変更線が太平洋のど真ん中を通っているのはなぜか。また，ジグザクになっているのはなぜか？

S：ここを通ると日付が変わるんだよね。

S：日本の真ん中を通っていると，東京と大阪で日付が変わるから困る。

S：なるほど，国の真ん中を通ると最悪だ。

S：ロンドンから東西180度の位置が日付変更線の位置になる。

S：へっ！　すごい。

S：そんなこともありロンドンの経度が０度になったかも。

S：太平洋の真ん中を通すと，国により日付が変わるということがなくなるからだ。

S：ギザギザになっているのは，日付変更線による混乱をさけるためだ。

＊経度０度のロンドンを基準に西回りに180度，東回りに180度に線を引くと地球の反対側で12時間の時差ができる。そこを日付変更線とした。好都合なことに，太平洋の真ん中なので，人は住んでおらず，混乱することはない。ただ，同じ国で日付が変わると困るのでジグザグになっている。

❻ 時差計算

時差計算については，数学の学力が不可欠なので深入りはしない。選択課題を与える。Ａからはじめ，正解すればＢ，Ｃへと進む。ＡでつまずけばＡ'の課題を与える。

【Ａ】日本と東経に属する国との時差
【Ｂ】西経に属する国との時差
【Ｃ】アメリカ合衆国のニューヨーク発ロサンゼルス到着の飛行機の時間など。（２都市の時差は３時間）

【Ｃ例】

〈行〉ニューヨークAM７時発，ロサンゼルスAM９時着の飛行機の所要時間は？　（　　）時間

〈帰〉ロサンゼルスAM７時発，ニューヨークへと飛行する飛行機の到着時間は？　（　　）時着

＊〈行〉ニューヨークが，AM７時のときは，ロサンゼルスはAM４時。従って約５時間を要している。

＊〈帰〉ロサンゼルスAM７時のときは，ニューヨークはAM10時，約５時間の飛行時間が必要なのでPM３時に到着。

4 授業のふり返りと探究・対話のポイント

学習指導要領には「世界各地との時差」について「地球上における我が国と世界各地との位置関係を理解できるようにする」「生活場面と結びつけて時差の概念を理解できるようにする」と記されている。時差計算を理解させるのは「目標及び内容」には記載されていない。大切なのは，時差や日付変更線に関する見方・考え方を培うことであろう。

【参考文献】

・ワールド・ジオグラフィック・リサーチ『眠れなくなるほど地理がおもしろくなる本』（宝島社）2016年

世界一長い河川

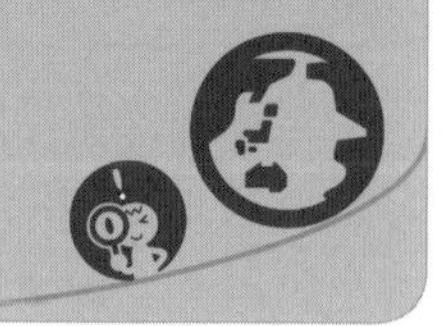

1 100万人が受けたくなる！ ウソ・ホント？ 授業のねらい

世界一長い川は「ナイル川」，流域面積世界一は「アマゾン川」と暗記させる。「なぜ世界一長いのか？」「なぜ，世界一流域面積が広いのか？」は探究しない。しかし，「位置」「場所」等に注目すると，そのワケがわかる。河川を暗記するだけではなく，地理的な見方・考え方から考察する。

2 学びを深める！ 教材研究の切り口

なぜナイル川は長いのか？ なぜアマゾン川は流域面積が広いのか？ 地図帳を観察すると解明できる。ここから地理を学ぶことの「おもしろさ」を子どもたちとともに体感したい。

3 対話を引き出す！ 探究的な授業展開プラン

❶ 世界一長い川 ～ナイル川～

クイズ

世界一長い川はアフリカのナイル川だ。全長は6650km。この距離は次のどれに近いだろうか。地図帳をみて考えよう。

ア 関西国際空港～中国・北京
イ 関西国際空港～シンガポール
ウ 関西国際空港～ハワイ・ホノルル

答え：「関西国際空港～ハワイ・ホノルル」で約6800km

グループ討議

ナイル川はどこから流れてくるだろう。

S：スーダンから南スーダンを通ってる。

S：ウガンダからビクトリア湖までだ。

S：ビクトリア湖が水源かな？

S：ハルツームという都市を経てエチオピア高原からも流れている。

S：よくみるとウガンダでビクトリア湖と西の山地に分かれている。

地図上だと３ヵ所が水源であることを確認する。

❷ ナイル川が長いワケ

考えよう

３ヵ所の水源の気候，位置や場所から，世界一長い川になった要因について考えよう。

S：水源の気候って赤道に近いから熱帯だよね。

S：熱帯雨林気候だから雨も多い。

S：多くの雨が降り，その水がナイル川をつくった。

S：ケニア山は5000mを超えているから，すごい水量が流れる。

S：それにビクトリア湖の水もすごい量だ。

S：湖の水，高山から降る雨を含めすごい水量だ。

＊エジプトの砂漠地帯を流れるナイル川が地中海まで到達するのは，この水量による。世界一長い河川の要因は水源による。

＊２位はアマゾン川，３位は長江，４位はミシシッピ川であることを確認する。

❸ 流域面積世界一のアマゾン川

「流域面積」はその川に流れ込む水を集める地域の面積である。

ペアワーク

世界２位の長さ，流域面積世界一のアマゾン川の次の数字は何か？一つを選んで答えよう。

ア　19倍／イ　４割／ウ　60ｍ／エ　300㎞

かなり難解な問いである。

答え：

ア　流域面積は日本の19倍

イ　南米大陸の４割を占める

ウ　最も水深の深い場所

エ　河口の幅

❹ アマゾン川が水量が多いワケ

グループ討議

アマゾン川が世界の河川の水量の20％を占めるワケを地図帳をみて考えよう。

S：支流が枝分かれして流れている。

S：アンデス山脈のあるコロンビアやペルーからも流れている。

S：アンデス山脈は6000ｍを越えた山だからすごい水量。

S：ブラジル高原からも。

S：ギアナ高地からも。

S：南アメリカ大陸の北半分から水を集めている感じだ。

S：流域面積が広い理由がよくわかる。

＊アマゾン川の上流域は，ボリビア，ペルー，エクアドル，コロンビア，ベネズエラ，ガイアナの６ヵ国を流れ，その主な水脈は高山のあるアンデス

山脈である。

＊流域面積２位はコンゴ川，３位はミシシッピ川，４位はラプラタ川である。

4 授業のふり返りと探究・対話のポイント

ナイル川で水をめぐる争いが起きている。エチオピアがナイル川上流で建設中の巨大ダムで貯水をはじめると表明し，水不足を懸念する下流のエジプトとスーダンが反発している。水不足を原因とするトラブルは，これからの世界を席巻する。また，アマゾン川の熱帯林破壊は周知の事実だ。降雨量が減少することは，アマゾン川の水量の減少はもちろん，作物の生育が抑制されるといった被害が予想される。

【参考文献】

・おもしろ地理学会編『世界地図でわかる　すごい地形』（青春出版社）2022年

・河原和之『続・100万人が受けたい「中学地理」ウソ・ホント？授業』（明治図書）2017年

暖流と寒流の役割

1 100万人が受けたくなる！ ウソ・ホント？ 授業のねらい

海流が，気候や人々の生活に与える影響について考える。本稿では，「北大西洋海流」（暖流）とヨーロッパ諸国の生活と関係，「ペルー海流」（寒流）と世界で最も降水量の少ないアタカマ砂漠の地上絵との関係から考える。

2 学びを深める！ 教材研究の切り口

チリのアタカマ砂漠が世界一降水量が少ない要因に，寒流とアンデス山脈が関係していることから知的好奇心を喚起する。

3 対話を引き出す！ 探究的な授業展開プラン

❶ 暖流と寒流

地図帳の「世界の気候」のページには赤色で「暖流」，青色で「寒流」が表示されている。

ペアワーク

暖流と寒流の流れをみてわかったことを交流しよう。

S：暖流の方が多い。　S：暖流は赤道から流れている。

S：北半球では，暖流は南から北へ，南半球では北から南へ流れる。

S：寒流はその逆。

S：日本には日本海流という暖流が流れていて気候に影響を与えている。

S：イギリスの近くを流れる北大西洋海流もヨーロッパ諸国の気候に影響する。

＊暖流は北半球では，南から北へ向かって流れ，気温を上げるだけではなく，雨をもたらす。暖かい海水からの蒸気が発生し，上昇気流が生じ雲ができ降水量が増える。

❷ 南部より北部が暖かいワケ

ロンドンと札幌の緯度を比較する。ロンドンの方が北方にあるのに雨温図をみるとパリのほうが暖かい。

考えよう

なぜ札幌よりロンドンの方が暖かいのだろう。

S：北大西洋海流という暖流が流れているからでは。

S：ノルウェーなどは暖流が流れていなかったらとても生活できないよね。

T：南のオスロより北のナルビクの方が気温が高いです。

S：冬場も凍らない港って聞いたことがある。

T：そうだよ！　ノルウェーの鉄鉱石は冬場は不凍港のナルビク港から輸出されます。

S：へっ！　人間って自然をうまく利用しているんだ。

T：ところでイギリスやノルウェーは海外沿いだから海流の影響を受けて冬場も比較的暖かいのは理解できたと思うが，パリやベルリンはどうなのだろう。

S：寒い？

T：偏西風という西から吹く風が暖かい空気を届けてくれます。

S：ヨーロッパ諸国は暖流と偏西風がなかったら，農作物が育たない不毛の地だったかもしれない。

❸ 降水量が最も少ない砂漠

発問

世界で最も雨が降らない場所はどこか？　次から選ぼう。
サハラ砂漠（アフリカ）／ゴビ砂漠（モンゴル）／アタカマ砂漠（チリ）

圧倒的にサハラ砂漠が多い。根拠はなく「広い」からとか「なんとなく」等。

答えはアタカマ砂漠である。

❹ アタカマ砂漠と寒流

（パワポで下の写真を提示）この写真は，チリのアタカマ砂漠に今も残っている「地上絵」である。地上絵の数は5000を超え，まるで恐竜のような動物や人間のような生物などさまざまなバリエーションが存在している。

考えよう

なぜこんな「地上絵」が残っているのだろう。

S：凍っているとか？

T：砂漠でありながら平均標高2000mという高地に位置しているからね。でも凍ってはいないよね。

S：雨が降らないから。

S：雨が降らないと形も崩れない。

S：でも，そんな長期間，雨が降らないということはないのでは？

S：風は吹くのでは？

T：通常，砂漠とはいえ少しは雨が降るのですが，アタカマ砂漠では年間降水量は１㎜以下です。

S：へっ！　そんなところあるんだ。

T：40年間，まったく雨が降らなかった期間もありました。また風も吹きません。

S：標高2000ｍで風が吹かないってどういうこと？

S：湿った海風がアンデス山脈にぶつかり雲になり雨を降らせるのでは？

T：ポイントは，チリ沖合を流れるペルー海流です。

S：南極の方から流れてくる。

T：この海流の水温は同緯度の海流より７～８度も低いのです。この海流からは水蒸気がほとんど上がらないので雲は発生しないのです。

＊アンデス山脈の麓に広がる砂漠なので，山から川が流れてきても，すべて干上がってしまうので降水量はまったくない。

4　授業のふり返りと探究・対話のポイント

「もし海流がなければ？」というIF思考で考えるのもおもしろい。北半球では高緯度地帯であるノルウェーやスウェーデンなどは極寒の地域になり，低緯度の地域は極暑となる。海流の名称ではなく，影響や生活との関連について学ぶことが大切だ。

【参考文献】

・おもしろ地理学会編『世界地図でわかる　すごい地形』（青春出版社）2022年

・河原和之『100万人が受けたい！　見方・考え方を鍛える「中学地理」　大人もハマる授業ネタ』（明治図書）2019年

なぜこんな気候になるの？

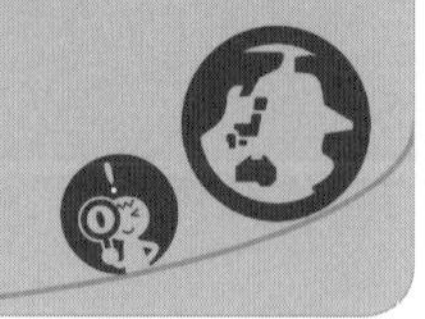

1 100万人が受けたくなる！ ウソ・ホント？ 授業のねらい

日本の気候区分は６つの気候区に分かれる。例えば「瀬戸内の気候」は１年中温暖で降水量が少ないという特色がある。その要因は，冬の季節風が中国山地に，夏の季節風が四国山地に遮られるためである。ここから，気候の要因として「季節風」「山」などが関係していることがわかる。これ以外の要因として「緯度」「内陸」「海」「海流」などが影響している。気候区分をその要因から考え，具体的なイメージが湧くエピソードから学ぶ。

2 学びを深める！ 教材研究の切り口

大阪教育大学３回生（当時）の山口周さんが作成した指導案を参考に地理的な見方・考え方を軸にした「世界の気候」学習を考えてみた。６つの日本の気候をエピソードから学び，知識を定着させることも大切だが，「なぜこんな気候になるのか？」を，具体的な事例を使い考察する。

3 対話を引き出す！ 探究的な授業展開プラン

❶ 降水量の多い場所と少ない場所

発問

大阪府の降水量は全国と比較し，多いか，少ないか？

圧倒的に「少ない」。

降水量は47都道府県中何位？

「20位」「30位」……。

T：41位で年間1279㎜である（笑）

＊全国平均は，年間1757㎜。

考えよう

> 降水量ベスト３は何県か？

１位は「高知」（3659㎜）。以下「鹿児島」「宮崎」。

T：雨はどこから降ってくるの？

S：空から（笑）　**S**：雲から。

T：雲から降ってくる。雲は川や海水が太陽などで温められ蒸発してできる。水蒸気が空に昇っていくと，冷やされ水（雨）や氷の粒（雪）になる。

S：なるほど！

考えよう

> 地図帳から，３県の降水量が多い理由を考えよう。

S：海に面している。　**S**：暖かい。

T：太陽や暖流により，海水が温められ水蒸気となり，季節風の影響もあり雨が降る。

S：風も関係あるんだ。

T：風は平野部では吹き抜けるが，山にぶつかると山肌に沿って上昇し雲ができやすい。

S：へっ！　山も。

S：宮崎平野の西側には山がある。　**S**：高知平野の北側には四国山脈。

T：山の上では，周りの気温が低いため，地面で暖められた空気との温度差は，平野部より大きくなり，上昇気流が発生しやすい。

＊降水量が多い要因を整理する。大阪の降水量を「舞鶴」（年間1827㎜）「潮岬」（年間2519㎜）と比較し考察する。大阪の降水量が少ないのは，海の近くに山がなく，季節風が四国山地，中国山地により遮られるからである。

グループ討議

世界で最も降水量の多い国はどこか？

コロンビア／シンガポール／バングラデシュ

S：シンガポールは海に囲まれている。　**S**：山がないのでは？

S：コロンビアは赤道に近く，海や山もある。

S：バングラデシュは海や川もあり水量は多い。

S：でも平野だよ。　**S**：正解はコロンビアだ。

＊世界で最も降水量の多い国はコロンビア（年間3240㎜）である。赤道付近の島国がベスト10に並ぶ。世界で最も降水量の多い都市は，インド北東部の標高1484ｍに位置する「チェラプンジ」であり，年間最高降水量は26461㎜である。

❷ 気温を決定づける要因

考えよう

年間の平均気温が低いのは北海道，高いのは沖縄だよね。これはどんな要因かな？

S：緯度。　**S**：赤道に近いか遠いか。

T：その通りだね。だから，沖縄のハイキング人口は全国47位だよ。

S：暑いから登山やハイキングはあまりしない。　**S**：高い山も少ない。

T：沖縄南部の「今帰仁スイカ」のキャッチコピーは「一度でいいから○○○でスイカを食べてみたかった」だよ。「○○○」に当てはまる言葉は？

S：スキー場。

T：いいね！　近い。

S：こたつ。

T：正解！　沖縄は冬でも気温が高いから，冬でもスイカを生産できる。ですが，夏の最高気温は，沖縄ではありません。そう暑くはならない。なぜだろう？

S：高い山がないから風が遮られない。

T：いいね！　山に囲まれた盆地である京都や奈良などは夏も暑いね。

S：海に面している大阪が夏場に暑いのは？

T：これはヒートアイランド現象だね。

S：沖縄は海に囲まれているから，熱しやすいが冷めやすいんだ。

T：最高気温の日本記録は2018年熊谷市，2020年浜松市だけど，岐阜県の美濃，山梨県の甲府など山に囲まれた盆地が多いね。

S：一日の寒暖差の日本一は？

T：三方を山に囲まれている熊本市で24℃です。一日の寒暖差が大きいと，甘く，美味しい作物が育ちます。

＊気温の決定には「緯度」「海流」「山」「海」などが多様に絡んでいることを確認する。

4 授業のふり返りと探究・対話のポイント

山中湖にある「ホテルマウント富士」では次回使用できる「宿泊無料券」がゲットできる。滞在中，富士山頂上が１分以上みえないと「この企画は年に１ヵ月しか実施しません。いつでしょう」とグループで話し合う。「１月」「８月」「12月」から選択させる。多くが「８月」。しかし，答えは「１月」である。なぜなら，太平洋気候である山中湖では，冬は降水量が少なく，晴れる日が多いからである。

【参考文献】

・河原和之『100万人が受けたい「中学地理」ウソ・ホント？授業』（明治図書）2012年

世界の人口

80億人の未来

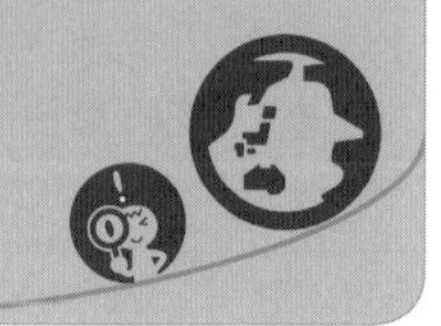

1 100万人が受けたくなる！ ウソ・ホント？ 授業のねらい

2023年現在，世界の人口は80億人を超えた。日本は，過去においては人口増加が一つの要因として世界第２位の経済力を保持した。中国は，海外資本を国内に誘致することからはじまり，都市人口の増加により加速的な経済成長を実現している。しかし，日本をはじめとするいわゆる先進国は人口減少で，さまざまな問題に直面している。人口増加は，国や地域により異なった様相を示し，多大な影響を及ぼす。人口増減を多面的・多角的に考察する授業である。

2 学びを深める！ 教材研究の切り口

アフリカをはじめとする開発途上国では人口増加が進行している。合計特殊出生率は韓国では１以下であるのに，コンゴ民主共和国では５を超えるという。人口減少も増加も，それぞれが，食糧，環境，都市機能，経済に相反する問題をもたらす。コンゴ民主共和国の事例を参考に，人口増加がもたらす影響について考える。

3 対話を引き出す！ 探究的な授業展開プラン

❶ 人口と豊かさ

人口ベスト10位の国々を順次答えさせる。１位のインド（14億2860万人），２位中国（14億2570万人），３位アメリカ（３億4000万人）だ。以下「インドネシア」「パキスタン」「ナイジェリア」「ブラジル」「バングラデシュ」「ロシア」「メキシコ」と続く。1億人を超えている国が15ヵ国あり，日本は12位で1億2330万人である（国連人口基金，2023年）。

クイズ

1970年，今から約50年前，日本の人口は1億371万人だった。これは世界何位だろう。

5位から挙手させる。8位，9位が多い。正解は6位。

当時は「中国」「インド」「アメリカ」「ソ連」「インドネシア」「日本」の順であった。

考えよう

1968年，日本はGDP（国民総生産）で西ドイツを抜き，経済力もアメリカについで世界2位だった。日本の経済力と人口の関係を考えよう。

GDPについては既習事項ではないので，「国民総生産」をイメージ的に学ぶ。

S：日本の技術力が優れていたからじゃないの？
S：手先が器用だとか？　**S**：勤勉だからって思っていた。
T：もちろん，技術力や真面目で勤勉な日本人ということもあります。
S：人口が多いと買ってくれる人も多い。
S：テレビの時代だったから宣伝も効果がある。
S：人口が多いといろんな人がいるから希少なモノも買ってくれる。
T：国内市場が大きくなるってことだね。日本がアメリカに次いで，世界2位の経済大国だった要因の一つに「人口」が関係しているわけです。

❷　中国の躍進と日本の凋落

1965年から2020年までのGDPの変化を追った動画をみる。生徒には気づいたことをメモするよう指示する。

〈メモの事例〉

・中国がすごい勢い。　　・1995年は７位。

・その後，2000年頃から６位，４位，３位になっている。

・2010年に日本を抜き中国は２位になった。

・日本は３位だけどドイツに抜かれそう。

考えよう

中国が2000年頃から経済が急成長し，逆に，日本が３位になり，ドイツにも追いつかれそうになっている要因を人口から考えよう。

S：ええ！　単純に人口が増えたから。　**S**：今は14億人だったっけ。

T：中国は，農業国から脱皮し経済力がアップしてきたことが大きいよね。最初は上海をはじめとする海岸部に経済特区として，海外の企業を招請したことも大きいね。

S：ええ，人口からじゃないの？

T：人口的には，上海をはじめ深圳，杭州など1000万人を超える都市は６ヵ所，人口が100万人を超える都市は143ヵ所もある（2016年）。

S：日本は？　どれくらい？

T：日本で100万人を超えるのは12都市です。

S：都市の人口が増えているんだ。

T：現在の中国は都市人口から考えても8000万人（2023年）の市場をもつ国なのです。

S：でも，農村部の人は，いまだに貧しいのでは。

T：中国では都市と農村の格差が多く，一人当たりの GDP は世界で何位かな？

S：30位くらい。　**S**：50位とか？

T：一人当たりの GDP は66位です（2023年）。

S：へっ！　かなり格差があるんだ。

T：日本の一人当たりの GDP もかなり下がり30位になっています（2023年）。

S：ドイツは？

T：これから勉強しますが，ドイツは27ヵ国で構成される EU の中心で，EU は日本の人口の約４倍です。

S：EU の国々に売れるってことだ。

＊2023年１月８日の『朝日新聞』１面に「中国人口減」「経済減速に拍車」の題字が踊る。

❸ 人口増で悩む国々

サハラ砂漠以南のアフリカは，人口増加が急速で，年間2.6％の割合で人口が増えている。2050年には97億人に達するとみられ，今後の増加分の半数以上が，コンゴ民主共和国，エジプト，エチオピア，インド，ナイジェリア，パキスタン，フィリピン，タンザニアの８ヵ国であると言われている。

クイズ

コンゴ民主共和国の合計特殊出生率は，５より多いか，少ないか？

挙手させる。多くは「多い」。答えは「5.7人」（2020年）である。

コンゴ民主共和国の様子を新聞記事から紹介する。

記者であるＲさんは，２歳から25歳まで14人の子どもを持つ父親だ。「子どもは神からの贈り物で祝福です」と語る。麻疹やマラリアといった感染症があり，妻のお兄さん８人が５歳までに亡くなった。人口増加は経済成長にもつながり５人の子どもを大学に通わせている。

（『朝日新聞』2022年11月16日　要旨）

グループ討議

記事の感想を交流し，人口増加の要因や影響を考えよう。

S：14人とはびっくり！　でも裕福でないと栄養失調になるのでは。
S：医療が発達していないので５歳までに子どもが亡くなるケースも多い。
S：記者だからお金があり生活できるけど貧しい人は14人は無理。
S：逆に，貧しい人は将来，子どもに面倒をみてもらおうと思う人もいる。
S：貧しいと口減らしのために早く結婚する人もいる。
S：貧富の差って人口とも関係してくるんだ。
S：農業中心だから，働く人が必要で多産になる。
S：子どもが多いと教育費が必要だけど，働き手が増えるんだ。
S：人口増にはプラスの要因もあるのでは？
S：医療の発達とか？
S：水道水などの安全な水が確保できるようになったことも大きい。
S：農業の発達で食料が確保できるようになった。

70億人を超えた世界人口に占めるアフリカの割合は，2050年には22％になる。また，アフリカの人口の40％が15歳未満であり，若い人口が多いというのは一つの希望だ。しかし，人口が20億人になる近未来，希望があるとも言えない。環境，都市，食糧，政治はどうなっているのだろう？

❹　地球規模で考える人口増加

2050年には，世界の総人口は97億人になるとされている。もし世界中の人々が日本と同じ暮らしをしたら，地球が2.9個必要になると言われている。

ペアワーク

それでは，アメリカ，中国，インドなら，地球は何個分必要になるだろう。多い方から順にならべよう。

多くのペアが「アメリカ」「中国」「インド」の順。

答えは「アメリカ」5.1個,「中国」2.4個,「インド」0.8個。

考えよう

人口増加の問題を地球という規模で考えるとどんな問題があるか考えよう。

S：食料不足になり飢餓が増える。

S：水不足で水戦争が起こるかもしれない。

T：土地，資源や食料の問題だね。他の観点からは？

S：都市人口が増えると犯罪が増加する。

T：都市で貧しい人が増えるとスラム化が進行するね。

S：スラムが不衛生になり病気が蔓延する。

＊人間は文明の発達とともに養える人口を増やしてきた。技術が進歩して食料を増産し，利用できる土地や資源も多くなった。しかし，人口増加は，環境，資源，都市機能，疫病，経済などに大きな影響を及ぼす。

4 授業のふり返りと探究・対話のポイント

日本地理学習では「日本の地域的特色と地域区分」（中核方式）において取り上げる視点として「人口」が例示されている。日本においては「人口分布や過疎・過密問題などを基に，日本の人口に関する特色を理解すること」としているが，本稿ではグローバルな視点から世界の人口問題について考察した。

【参考文献】

・石弘之『キリマンジャロの雪が消えていく』（岩波書店）2009年

・別府正一郎『アフリカ　人類の未来を握る大陸』（集英社）2021年

・角田陽一郎『人生が変わるすごい「地理」』（KADOKAWA）2019年

・『朝日新聞』2022年11月16日／2023年１月18日

なぜ，そこにそんな宗教が分布したの？

1 100万人が受けたくなる！ ウソ・ホント？ 授業のねらい

世界宗教は，キリスト教，イスラム教，仏教であり，特定の地域のみに信仰される宗教として，ヒンズー教，ユダヤ教，神道などがある。キリスト教徒は約22億人強，イスラム教徒は約18億人，仏教徒は約５億人強，ヒンズー教徒は約９億人である。世界的に広がる宗教分布を大まかに理解し，なぜ，その地域に広がったのかを考える。

2 学びを深める！ 教材研究の切り口

「位置」「場所」「歴史」「生活・文化」等から宗教を多面的・多角的に考察する。「なぜ，そのような分布になるのか？」「なぜ，そのような考え方をするのか？」を知ることで，宗教への理解や見方・考え方を身につけさせたい。

3 対話を引き出す！ 探究的な授業展開プラン

❶ 日本の宗教

「世界で信仰されている宗教は何か」と問う。「キリスト教」「イスラム教」「仏教」「ヒンズー教」「ユダヤ教」などの回答。

考えよう

神社にお参りに行く人もいると思うが，神道は宗教なのか？

S：初詣に行ってお願いするから宗教では？

S：神社宗教って言わないかな？

T：神道は，日本独自の宗教で民族宗教です。他の宗教を信じる人も一定の宗教をのぞき神社に参拝します。

S：どれくらいあるの？

T：約88000社と言われ，お寺の数より多いです。

S：へっ！　そんなにあるんだ！

T：いちばん多いのは新潟県で4677社もある。

S：大阪は？

T：1198社でそう多くはありません。もっとも少ないのは？

S：沖縄では？　何か文化が違うから。

T：その通りで，わずか22社で圧倒的に少ないです。日本では，クリスマスはキリスト教，初詣は神社，お葬式は仏教という人もいます。日本で仏教が浸透するのは，江戸時代の「寺請制度」からで，それぞれの家は，地域にある寺の檀家にならなければならないと決められて以降です。

❷　キリスト教の分布

教科書の主な宗教分布の地図を提示する。

考えよう

宗教分布地図から，なぜ，キリスト教がその地域に広がったのか考えよう。

S：ヨーロッパ諸国はほぼキリスト教。

S：イエス＝キリストと関係あるかな？

T：まあ，関係ないこともないかな？　ローマ帝国との関係だね。ローマ帝国が国教にしたのは，何世紀かな？

S：４世紀。なるほど。国教にすることにより広まったんだ。

T：北アメリカは，新教徒，つまりプロテスタントが移住することにより広まるよね。南アメリカは？

S：スペインが植民地にしたのでカトリックが広まった。

S：オーストラリアもイギリスの植民地だったからキリスト教かな。

T：東南アジアはなかなか複雑で，スペインの植民地だったフィリピンはキリスト教だね。

❸ イスラム教の分布とヒンズー教・仏教

考えよう

イスラム教はどうだろう。

S：地図をみると，西アジアとアフリカ北部だね。

S：乾燥地帯に多い。　**S**：中央アジアにも広がっている。

T：面積からはそうみえますが，人口的には東南アジアや南インドです。インドネシアは世界最大のイスラム教国で２億人の信者がいます。パキスタンが，それに次いで多く，３番目がインドです。

S：へっ！　なんか意外。インドネシアは人口が多いからかな。

T：キリスト教同様，イスラム教もイスラム帝国の勢力図と関係しています。

S：帝国がつくられると宗教も広がるんだ。

T：パキスタンとバングラデシュは宗教の関係でインドから独立しました。

S：インドはヒンズー教が多いのでは？

T：確かに，大部分はヒンズー教ですが，イスラム教を信じる人々も多いです。

S：どうして？

T：ちょっと難しいですが，インドの身分制度であるカースト制と関係しています。イスラム教は，「神のもとでは平等」という教えで，仏教やキリスト教にある「人間は罪深い」という考えがありません。また，現世で金儲けをし，豊かな生活を送ることを否定しません。また，罪深い生活を送ると地獄に落ちるという教えもありません。

S：仏教がインドで始まり消滅したのもそのあたりが原因かも。

T：確かに，仏教では地獄はつきものですね。しかも，人間は生まれ変わるという考えもあり，それは，生き物であるから，寺の関係者は精進料理という動物以外の食事をしますね。

S：仏教といえばタイやミャンマーだね。

T：カンボジアも仏教で，有名なアンコール＝ワットがあります。

S：東南アジアから東アジアだね。日本の仏教も中国や朝鮮から伝わった。

4 授業のふり返りと探究・対話のポイント

ヒンズー教はインドの民族宗教であり，インドの人口が増えれば，今後ヒンズー教の信者が増える。西欧の先進国ではキリスト教離れが進行している。アメリカでは，女性の人工妊娠中絶の権利を認めた判決を破棄するという出来事が起こった。イスラムでの禁止を「ハラーム」といい，その禁止を犯した者は来世でもアラーの懲罰を受けるとされている。逆に許された項目を「ハラール」と言う。食べることが許される食材や料理を指すこともあるため，最近，日本でもハラールを提供する店も増えてきた。日本でのイスラム教徒との付き合い方については，日本の課題でもある。

【参考文献】

・島田裕巳『宗教の地政学』（エムディエヌコーポレーション）2022年

アジア

アジアの国々を切り口に世界の課題を考える

1 100万人が受けたくなる！　ウソ・ホント？　授業のねらい

アジアの課題を取りあげる。韓国の少子化，スリランカに残る植民地支配の影，地球温暖化による海面上昇に悩むモルディブ，天然資源から観光資源へと脱皮を模索するブルネイ，そして，中国との債務がかさむラオスである。それぞれ，アジア共通の課題でもあり，その解決の方向性を考える。

2 学びを深める！　教材研究の切り口

取り上げた題材は，地理的諸課題というより政治経済的な課題が多い。地理の授業では，コラム的に扱うか，パフォーマンス課題として取り上げ，議論したいテーマである。

3 対話を引き出す！　探究的な授業展開プラン

❶ 〈エピソードⅠ〉なぜ少子化が進行するのか？　～韓国～

クイズ

韓国の合計特殊出生率は，「1」以下である。「○」or「×」？

半々に分かれる。答えは「2018年にはじめて1.0を割り，2019年には0.92，そして2022年は0.78である」。

考えよう

なぜ，韓国では日本以上に韓国では合計特殊出生率が低いのか？
ヒントは韓国の若い男性の収入が低いことだ。

S：日本とは違い韓国では賃金が高いのでは？　**S**：遊びすぎ？

T：韓国の失業率は約４％だが，15～24歳の若年労働者の失業率は10％以上になる。

S：大企業に就職したいからでは？

T：そうだね。大企業や公務員は裕福だが，中小企業の給料は低く，大企業に就職したいので就職浪人は多い。

S：中小企業の給料を上げることはできないの？

T：政府は法定賃金の引き上げを進めたが，賃上げにたえられず，若者たちの雇用を逆に失くしてしまったんだ。

S：韓国の男性には２年間の徴兵があることもその要因では？

T：世界一，合計特殊出生率が低い国の事情と日本とは，また別の要因がある。

❷〈エピソード２〉植民地支配の残像　～スリランカ～

考えよう

スリランカでは，茶をはじめ，コーヒー，天然ゴム，砂糖などのプランテーション農業が行われ，今も主要輸出品になっている。それはなぜか？　また，植民地がもたらした問題は何か？

S：今も生産量は多いのですか？

T：お茶に関しては，中国，インド，ケニアに次ぎ世界４位で10％を占める。

S：日本にも輸出されていますか？

T：年間生産量は24万ｔ超であり，96％が世界に輸出されている。うち7000ｔは日本に輸出されている。

S：イギリスでは紅茶をよく飲むから，植民地のスリランカで栽培させた？
T：スリランカの国名は，1972年までセイロンでした。だから，今でもセイロンティーと言うよね。
S：植民地がもたらした問題って，輸出品が限定されるモノカルチャー経済？
T：それもあるが，イギリスは茶栽培のために南インドに住んでいたタミル人をスリランカに大量移住させている。
S：インドもイギリスの植民地だったからね。
T：急激な人口増加は，元々住んでいたシンハラ人との対立を生み，1983年から2008年までの両者の内戦の要因になっている。
S：へっ！　植民地時代のことが要因になって内戦になるんだ。
T：直接の原因は，シンハラ人がタミル人の選挙権を奪ったり，公務員から追放したりしてきたシンハラ人優遇政策による。

❸〈エピソード３〉津波被害を救った日本　～モルディブ～

地球温暖化による海面上昇と，サンゴの死滅などが加わり，モルディブは「消滅」するのではないかと懸念されている。

クイズ

モルディブの平均海抜はどれくらいか？
1.5m／3.5m／5.5m

答えは「1.5m」であり海面が１mも上昇すれば国土の８割が消滅すると言われている。海抜の最高は「2.4m」である。

クイズ

2004年スマトラ沖地震によって発生した大津波は，インド洋を巻き込みモルディブにも押し寄せた。最大の危機であったが，首都にあるマレ島の防波堤は大津波から住民を守った。死者は何名か？

10～20名の回答が多いが，答えは「０」名である。

＊この防波堤は，日本が無償金協力で建設したものである。そして，2011年，東日本大震災の折，モルディブから約70万個のツナ缶が日本に贈られてきた。国際協力のなせる技である。

❹〈エピソード４〉天然資源から観光資源へ　～ブルネイ～

ブルネイは日本の三重県と同程度の国土面積で人口は44万人である。国土のほとんどは熱帯ジャングルである。石油と天然ガスが輸出の大部分を占め，労働の対価で収入を得るのではなく天然資源によって成り立っているレンティア国家である。また，世界王家の中ではタイ王国に続いて世界第２位のお金持ちだ。それを象徴するのは，国王が収集した高級車である。コレクションは5000台を上回ると言われる。国王が国外に宿泊するときにはスイートルームをフロアごと貸切るというリッチさだ。

クイズ

次のことでブルネイにあれば○，なければ×をつけなさい。

ア　公立病院の医療費は無料である。

イ　公立学校の教育費は無料である。

ウ　個人に所得税を課せられない。

答えはすべて「○」である。国内は治安もよく，平和に暮らせるが，言論の自由は保障されていない。

グループ討議

しかし，いずれ資源はなくなる。そのときのために観光に力を入れている。2004年から現在までのインバウンド観光客は約107万人で世界で62位である。ブルネイの紹介や地理的位置からどんな観光が盛んなのか考えよう（63位は99万人のニュージーランドである）。

S：海に面しているからマリンスポーツ。

S：いいね。この位置だとかなり海が綺麗そう。
S：国土のほとんどが熱帯林だからジャングルクルーズもいいのでは。
S：国王の高級車ツアーもいいかも（笑）
S：でも豊かな手つかずの資源ツアーがノーマルでは。
*【マングローブを満喫！　テングザルに会いに行こう】
　島内には多くの動植物が生息していて，テングのような大きい鼻をしたテングザルが生息する。生息数は15000頭ほどになり絶滅危惧種に指定されている。
【自然を満喫！　ウル・テンブロン国立公園】
　ブルネイの飛び地にある，地上43mの高さから熱帯雨林を見渡すウォークや，天然のドクターフィッシュがいる滝つぼなどが楽しめる。
【ジュルドンパーク】
　東南アジアで最大の遊園地で，彩り豊かな花々が咲いている。

❺〈エピソード５〉中国債務の罠　～ラオス他～

中国はアジア各地に鉄道敷設や港湾建設によりインフラ整備を行っている。これによりアジア各地の経済発展に寄与していることは事実だが，その建設には現地の人たちではなく中国人労働者が雇用されているほか，建設にともない当該国が債務の罠にはまっている場合がある。

ペアワーク

2021年ラオスに中国の援助であるものがつくられた。それは何か？

S：鉄道じゃない？　S：道路か橋？　S：識字率が低いから学校。
S：それは長い目でみれば有益だ。でも，やっぱり鉄道では？
S：ラオスは中国に接しているから鉄道があればヒトやモノが運べる。
*2021年，「ラオス中国鉄道」が開通した。中国との国境に近いボーデンから首都ヴィエンチャンまでを結ぶ414㎞の鉄道で，時速160㎞の高速鉄道である。

考えよう

ラオス中国鉄道の建設費は中国７割，ラオス３割である。この負担はラオスの GDP のおよそ３割を占めている。ラオスはすでに GDP の６割の債務があり，そのほとんどが中国相手だ。こうなるとどうなるか？

S：中国なしで国がやっていけなくなる。
S：中国の言うことに反対できない。
S：ずっとお金を返済し続けなくてはならない。
T：鉄道建設の労働者は？
S：ええ，ラオス人じゃないの？
T：ラオス人の雇用は少なく，中国からの出稼ぎ作業員が圧倒的だ。

4 授業のふり返りと探究・対話のポイント

「中国債務の罠」については，以下の国々も同様だ。

カンボジアは，港湾都市シアヌークビルを開発し，リゾート化が進んでいる。カンボジア人ではなく中国からの出稼ぎ労働者を雇用して建設を進め，訪れる観光客も中国人である。ネパールでは，チベット西部の都市シガツェとネパールの首都カトマンズを結ぶ高速道路の建設に着手，さらに発電所建設の支援をはじめている。

【参考文献】
・国際時事アナリスツ編『アジア29か国のいまがわかる本』（河出書房新社）2021年

アフリカにペンギン？

1 100万人が受けたくなる！ ウソ・ホント？ 授業のねらい

アフリカについては「暑い」「砂漠」「貧しい」「内戦」というステレオタイプの印象が強い。アフリカにはペンギンは生息するのだろうか？ 「生き物」からアフリカの多様な気候帯を学ぶ授業である。

2 学びを深める！ 教材研究の切り口

2013年『大人もハマる地理』（すばる舎）を上梓した。アフリカの多様な気候を「生き物」から知るコラムだ。2022年，立命館大学３回生（当時）の蜂須茂徳さんの模擬授業で同様の趣旨の授業が紹介された。「次の中でアフリカにいない生き物はどれか？」という討議課題を，生き生きと話し合っている姿に，この教材の魅力を感じた。

3 対話を引き出す！ 探究的な授業展開プラン

❶ アフリカの気候のイメージ

ペアワーク

アフリカの気候や土地のイメージを交流しよう。

S：暑い。　S：乾燥している。　S：砂漠地帯。
S：高山があり空気は薄いのでマラソンが強い。
S：草原地帯が広がっている。

❷ アフリカの生き物

グループ討議

次の生き物の中からアフリカに生息しない生き物を選ぼう。
ゴリラ／ダチョウ／ゾウ／ペンギン／オランウータン
ヒトコブラクダ／キリン／ライオン

S：アフリカゾウというくらいだからゾウはいる。
S：ダチョウも大陸を走っている感じ。
S：草原地帯をキリンがゆっくり歩くイメージ。
S：ライオンはいろんな獲物を襲う感じ。
S：砂漠だからラクダは生息する。　**S**：ペンギンはいないのでは？
S：わざわざ書くくらいだから怪しい。
S：オランウータンもよくわからない。
S：雰囲気から生息しているイメージ。
本グループは「ペンギン」。

❸ なぜ，そんな生き物が生息するのか？

帝国書院の地図帳には「アフリカの自然・産業・くらし」というページがあり，生き物の分布が紹介されている。

考えよう

地図をみて，生息する生き物を確認しよう。

S：サハラ砂漠にヒトコブラクダの絵がある。
S：砂漠の定番だからね。
T：定番といいますが，フタコブラクダは生息していません。「月の砂漠」の歌からアフリカのイメージが重なりますが，生息地はトルコからモンゴルまでで，アジアのラクダです。
S：へっ！　こぶの数で異なるんだ。

S：ええ，びっくり！　南アフリカにペンギンが生息している。

S：どうして？　南極のイメージがある。　S：このあたりは温暖では？

T：南極大陸の周りを西から東へ周回する寒流から分かれアフリカ大陸西岸を北上するベンガラ海流は，ケープペンギンのエサとなる魚などの絶好の生息環境になっています。

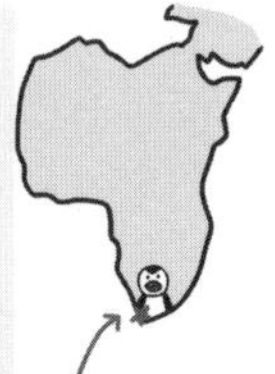

S：ペンギンでなければ何かな？

S：アフリカゾウは赤道から少し離れたところに生息している。

S：ゴリラは赤道直下だわ。　S：へっ！　オランウータンかな？

T：オランウータンは，スマトラ島とボルネオにしかいません。

S：ってことは答えはオランウータンなんだ。

❹ アフリカの気候

グループ討議

これまでの学習を踏まえ，アフリカの気候で考えたことを交流しなさい。

S：アフリカにはいろんな気候帯がある。

S：乾燥帯と熱帯だけかなと思っていた。　S：温帯もあるんだ。

S：赤道付近には高山気候もある。

S：海流の影響でペンギンの生息地域がある。

S：海流が気候に影響するって知らなかった。

S：冷帯に近い気候になるんだ。

S：緯度や標高，海流によって気候が変化することがわかった。

〈アフリカの気候帯〉

Cs　：地中海性気候……温帯
BS　：ステップ気候……乾燥帯
BW：砂漠気候
BS　：ステップ気候
Aw：サバナ気候……熱帯
Af　：熱帯雨林気候
Aw：サバナ気候
BS　：ステップ気候……乾燥帯
BW：砂漠気候
BS　：ステップ気候
Cs　：地中海性気候……温帯
Cfb：西岸海洋性気候

（アフリカは赤道を挟み，同じ気候帯がほぼ並行に並んでいるため，重複の表記）

4 授業のふり返りと探究・対話のポイント

アフリカは「暑い」「砂漠」だけの大陸ではない。熱帯，温帯，乾燥帯に加えタンザニアのキリマンジャロ（標高5895m）のように氷河を残す山もある。しかし，アフリカを象徴するキリマンジャロ山の氷河が地球温暖化により消滅の危機に陥っていることについても考えさせたい。

【参考文献】

・河原和之『大人もハマる地理』（すばる舎）2013年

・立命館大学３回生（当時）蜂須茂徳さんの模擬授業

六本木のアフリカローズ

1 100万人が受けたくなる！ ウソ・ホント？ 授業のねらい

東京六本木と広尾と言えばオシャレな街とのイメージがある。その都会の象徴のような街に「AFRIKA ROSE」というアフリカケニア産のバラに特化した花屋がある。「なぜケニアなのか？」「なぜ，ケニアはバラの産地なのか？」「どのように輸入するのか？」等，地理的な見方・考え方から考える。

2 学びを深める！ 教材研究の切り口

ケニアの貧困への関わりについて考える。一つは上記の「AFRIKA ROSE」そして，高橋尚子さんの「靴」を贈る取り組みである。性質の異なる二例から「援助」の在り方を考える。

3 対話を引き出す！ 探究的な授業展開プラン

❶ 「AFRIKA ROSE」とケニア

東京六本木に「AFRIKA ROSE」というケニア産バラに特化した花屋さんがある。創設者は萩生田愛（めぐみ）さんだ。ケニアのバラに出会ったのは，ケニアへボランティアに行ったときだ。

（オシャレな店の様子をパワポで提示。）

＊2014年バラの日本への輸入額は，第１位は，「ケニア」で42%。「コロンビア」が17%，「インド」が12%である。

考えよう

なぜ，ケニアでバラ栽培が盛んなのか？

S：コロンビア，インドからの輸入も多いから，赤道に近いからかな？

T：寒いところは適していない。最低気温10度，最高気温25度前後という気温のところが適している。

S：日本でも栽培できるね。

T：日本では，愛知，静岡，山形など，ほとんどの都道府県で栽培可能です。

S：それじゃ，なぜ輸入するの？

T：バラは，日射量が多い，赤道直下の2000m以上の高地が適している。太陽の光を浴びて，寒暖差の大きいケニアのバラは，１～２週間はもつ。

S：２週間ってすごい！

T：ところで，ケニアはどこの国の植民地だったかな？

S：イギリス？

T：イギリスの王室関係に最高品質のバラを輸出していました。

S：紅茶やコーヒーって思ってた。

T：もとは，紅茶とコーヒーのモノカルチャー経済でしたが，1980年代からヨーロッパ向けのバラの輸出量が増え，EU への最大の輸出国です。

ケニアのバラ生産には，「位置や分布」「場所」そして「歴史的背景」が関係していることを確認する。

❷ スマイルアフリカプロジェクト

2000年シドニーオリンピック，女子マラソンで優勝した高橋尚子さん（Qちゃん）は，JICA のオフィシャルサポーターとして，ケニアの子どもたちに「靴」を送る取り組みをしている。Qちゃんが，ナイロビのスラム街に向かうと，途中からすごい匂いがして，ゴミが積もっていて，そこを子どもたちが裸足で走り回っていた。Qちゃんが，病院を視察したとき，25歳くらいの青年の足の指が切り落とされていた。

Qちゃんはブルキナファソで「破れたサッカーボール」をもっている少年に出会った。彼もこのプロジェクトでもらった靴を履いていたが，ボロボロだった。Qちゃんは，この子に新しい靴をあげた。彼は，喜んで履いてくれたが，すぐに脱ぎ，破れた靴に履きなおした。

少年は，「今日はこれを抱いて寝るんだ」と言った。ちょっとジーンとくる。Qちゃんは，11年かけて2019年に「10万足」の「靴」をプレゼントした。

＊ケニアの首都ナイロビの人口約400万人中，60％を占める貧しい人々が市の居住可能な土地の５％にひしめき合って暮らしている。

❸ 貧困に対する２つの取り組み

「AFRIKA ROSE」の HP には，以下のことが書かれている。

“もっとアフリカのバラを世界へ！　もっと笑顔あふれる世界のために最高品質の薔薇を世界に届けること　それがアフリカから貧困をなくすことに繋がっていく　わたしたちはそう信じて AFRIKA ROSE をはじめました”

考えよう

なぜ，ケニアからバラを輸入することが貧困の解決につながるのだろう？

S：そりゃ，買ってもらったら儲かるのでは。

T：植民地時代からイギリスはじめヨーロッパに輸出していたのでは？

S：上流階級の嗜好品じゃないの？　**S**：要は奴隷的な扱いってことか？

S：このバラは，生産者を大事にしながら取引している。

T：いわゆるフェアトレードだね。

S：ところで，写真のバラはいくらくらいするのですか？

T：左は1815円，右は55000円だよ。現地の人が丹念に栽培したバラだし，輸送費も必要だからね。

S：輸送って？　何で輸送するの？

T：もちろん航空機だよ。船だと枯れちゃうからね。今まではオランダ経由で輸入されてきた。現在はドバイ空港を経由して輸入されている。右の「CELEBRATION ROSE」は，１箱買うと，ケニアに１本，植林ができる仕組みになっている。

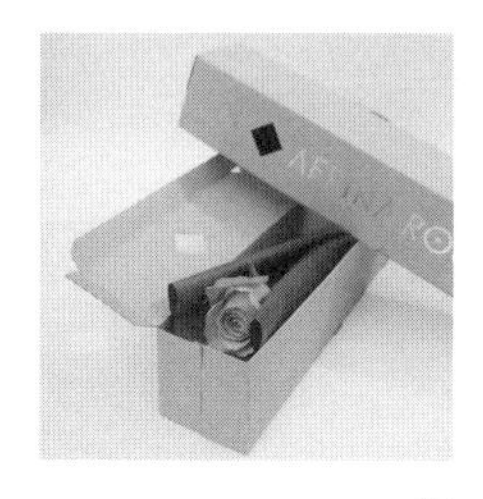

（「AFRIKA ROSE」HP より）

ドバイを地図帳で確認する。

T：ドバイ国際空港のフラワーセンターには，航空機に搭載するコンテナをそのまま冷凍保管できる大型の急速冷蔵庫が設置されています。

S：なるほど！　運輸ってかなり影響するんだ。

S：こうして，正当な値段で買ってくれる店があると元気が出るし，貧困から脱出できるかもしれない。

T：ケニアは赤道付近に台地があり，広大な土地に大規模な栽培が可能です。数千本単位の注文にも応じることができます。

S：いろんな人がバラ栽培をすることで貧困の問題を解決できるかも。

＊2009年のケニアの輸出を示す。「切り花」が多くなり，徐々に「モノカルチャー経済」から脱出しつつある。ドバイ空港に冷凍保存の施設が設置されたことも追い風である。

❹ 「Qちゃん」と「AFRIKA ROSE」

グループ討議

２つのステキな取り組みを紹介したが，どちらの取り組みが“好き”か交流しよう。

S：Qちゃんだ。10万足の靴ってことは，いろんな人が関係しているからアフリカの現実を多くの人が知ることになる。
S：リユースにつながり，古い靴の有効利用にもつながる。
S：自分の靴を通して，ケニアの人とつながっているのが嬉しい。
S：それならバラを通じてもケニアの人とつながっているよ。
S：でも靴は肌と肌につながりを感じる（笑）
S：バラは，現地の人の経済的自立につながるから影響が大きい。
S：働く人への喜びを与える。
S：靴だって，裸足ではなく，靴を履いて走り活躍できるからいい。
＊援助の仕方には「モノを贈る」という方法がある。「ランドセル」「衣服」を贈るなどの取り組みも多い。贈ったモノがどのような経過を経て人々の手に渡っていくかを知ることが大切だ。安く販売されれば，現地商品が売れなくなる。現地商品の価値を正当に認識し価格設定を行うフェアトレードもある。しかし，大切なのは現地の人たちの「経済的自立」を促すことだろう。

4 授業のふり返りと探究・対話のポイント

ケニアは，独立後1970年代まで経済成長を記録した。しかし，土地の再分配の過程で一部の富裕層がヨーロッパ人の農場を継承し格差がうまれた。また，南西部高地や東部以外での乾燥帯での開発が立ち遅れた。ケニアの社会保障は課題が多い。「収入のない人への生活保護」「病気になったときの医療保障」「子どもに対する児童年金」「高齢者の対する年金支給」は皆無だ。学生が以下のような感想を書いている。「貧困問題について以前から疑問に感じていたことですが，貧困問題を抱える国に対しての支援を行う以前に，そもそもその国の政府は何をしているのかということです。……他国からの支援がある中で，当事国において目立った改善策が見られないことを疑問に感じました。ケニアに住むすべての人が，自分たちの住む国の政治に関する知識や考え方を持つこと，その力を育むことが必要だと感じました」と。この問題提起も考えさせてみたい。だが，セルフヘルプネットワークがある。例えば，都市の長屋で水や塩，食用油などを融通したり，農村のご近所さん同士で，主食のトウモロコシをわけてもらったりするのは日常的な風景である。

しかし，ケニアをはじめとするアフリカ諸国は，ロシアのウクライナ侵攻を機に始まった世界的な食料やエネルギー価格高騰の影響により生活が悪化している。ケニアでは，主食の「ウガリ」の原料であるトウモロコシは，２倍に高騰，同様に料理油，コメ，砂糖の価格も倍近くになっている。この経済の変調に耐えかねた人々による反政府デモの一部が暴徒化し，スーパーを襲う事件などが頻発している。（2023年４月29日『朝日新聞』参考）

【参考文献】

・野澤亘伸『この世界を知るための大事な質問』（宝島社）2020年

・松田素二，津田みわ編著『ケニアを知るための55章』（明石書店）2012年

・『朝日新聞』2023年２月７日／2023年４月29日

EU 統合あれやこれや！

1 100万人が受けたくなる！　ウソ・ホント？　授業のねらい

EU 統合は，２度の大戦の反省や，アメリカ合衆国とソ連（現ロシア）の台頭への対抗などを背景に進んだ。狭い地域に多くの国がひしめくヨーロッパでは，国境を越えるたびにかかる関税の解消が，経済発展のための課題であった。EU 統合の歴史的背景，統合にむけた課題や困難を乗り越える EU の崇高な理念について学ぶ。

2 学びを深める！　教材研究の切り口

EU については，これまでも私の拙書で実践事例を紹介してきた。本稿では，これまでの蓄積をもとに，新たな情報も含め１単位時間に整理した。

3 対話を引き出す！　探究的な授業展開プラン

❶ 旗・紙幣から考える EU

EU の旗は，12の星を円形にしている。「星を円形にしているのはなぜだろう」と問い，それは，“連帯”を表し，12はヨーロッパで特別の意味をもつ

完璧と充実を表現していることを確認する。

「EU 紙幣」を示し，表には解放の精神を示す「門」や，つながりを象徴する「橋」が描かれていることを確認。裏面は，各国別のデザインになっている。例えば，ドイツは，国章である「鷲のマーク」，フランスは，「自由・平等・博愛」の文字，スペインは，「現在のスペイン王の顔」である。

❷ なぜ EU は統合したか？

クイズ

第一次世界大戦と第二次世界大戦で，ヨーロッパでは，どれくらいの人が亡くなったのか。

第一次世界大戦：500万人／800万人／1000万人

第二次世界大戦：1500万人／2500万人／3500万人

答え：第一次：800万人／第二次：3500万人

＊「ヨーロッパの歴史は，分裂と統合の歴史，国境線をめぐる対立の歴史であった」とポーランド出身の歴史学者クシシトフ・ポミアンは書いている。

考えよう

1952年の西ドイツとフランスの石炭と鉄鉱の共同使用を決めた。この意義は何か？

S：石炭の取り合いでドイツとフランスが戦争したことがあるから。

S：資源の取り合いをなくすために統合しようとした。

T：過去，何度も戦争をくり返してきた原因である石炭と鉄鉱を共同にすることによって戦争を未然に防ごうとした。

＊2000年頃の EU の「面積」「人口」「一人当たりの GDP」「貿易額」を示し，アメリカ，日本との比較をさせる。EU は各国の面積が小さいが，人口は多く，貿易額は，二国を圧倒している。

＊2007年３月25日，ベルリン宣言の（　　）に当てはまる言葉を考えさせる。

「ヨーロッパの統一は（　　）と（　　）を可能にした」
答えは“(平和) と (繁栄)”。

❸ EUって？

ペアワーク

次の①～⑧で正しいものに○，間違いには×をしよう。
①発行された運転免許証はどこの国でも有効
②発行された教員免許状はどこの国でも有効
③他国の大学の授業を受けても卒業資格が取れる
④加盟国国民はどこの国へも移住可能である
⑤加盟国すべてが統一貨幣「ユーロ」を使っている
⑥国境を越えるときパスポートがいらない
⑦仕事の資格が共通で，他国でも働ける
⑧他国の銀行へ預金が自由

答え：②⑤以外はすべて○

＊1993年に市場が統合され，物・資本・サービスの移動が国境に関係なく自由にできるようになった。国を越えた大学教育の試みは，若者を欧州市民として育成することを目指している。

＊統合の困難性を以下の事例から補足する。
　ベルギーはカカオマスのみでないとチョコレートと認めていない。しかし EU に加盟すると，いろいろな国がいろいろなチョコレートを製造している。また，ベルギーとドイツは，ビールは純粋な成分のものしか認めていない。他国は，発泡酒もビールとしている。欧州司法裁判所では，こんなことでも争議の対象になっている。

❹ EUへのこんな疑問

グループ討議

EU加盟をめぐっては，次のようなちょっとした疑問がある。グループで一つを選択し話し合おう。

①1973年にイギリスが加盟しているが，なぜもっと早く加盟しなかったのか。（ヒント─イギリス連邦）
②2004年以降，東ヨーロッパの国々が加盟する。その理由は？（ヒント─冷戦の崩壊）
③スイスはなぜ加盟しないのか。（ヒント─永世中立）
④ノルウェーはなぜ加盟しないのか。（ヒント─資源が豊富）
⑤トルコの加盟は保留になっている。それはなぜか？（ヒント─イスラム教）

〈話し合いの例及び回答〉

①オーストラリア，ニュージランドなどイギリス連邦があり，経済協力をしている国があったから。
②冷戦による体制の展開と市場経済への移行。
③永世中立国で，どこの国とも同盟を結ばないという国の方針と，国際観光都市，そして，スイス銀行に見られるように，ヨーロッパの一つの国というより世界のスイスということから。
④ノルウェーは，海洋・森林資源も多く，鉱工業も盛んで，EUに加盟してもあまりメリットはない。また「ノーベル平和賞」を授与する国であり，平和の象徴「ノルウェー」である。
⑤GDPの格差やイスラム教による考え方の相違，また人口の多い国であり，移住者が多くなることへの懸念がある。

❺ EU の課題 ～経済格差，賃金格差～

ペアワーク

国民一人当たりの GDP で比較すると，EU 平均を100とした場合，最も裕福なルクセンブルクは約300であるのに対し，最貧国のブルガリアはいくらくらいだろう？

〈話し合いの例及び回答〉

「70」「50」などの意見。回答は「30」である（2022年）。

考えよう

一人当たりの GNI が８倍近いひらきがあり，最低賃金も10分の１だとどんな問題が起こるか。

S：紛争が起こる。
S：うらやましくなったりする。
S：貧しい国から豊かな国へ移住してくる人が出てくる。
T：そうだね。豊かな国で働こうとする人が増えるよね。
S：ますます格差が広がるだけでなく，受け入れる国もたいへん。
S：一人当たりの GNI ではどんな国が高いの？
T：ルクセンブルクをトップに，ベルギー，オランダ，フランスだね。
S：低い国は？
T：2004年に加盟した東ヨーロッパ諸国である，ハンガリーやチェコ，リトアニアや2007年加盟のルーマニア，ブルガリアだね。
S：失業率は，どうなっているの？
T：比較的，最低賃金の高いギリシャやスペインで失業者が多い。
S：ギリシャって，ちょっと不思議。
T：もともと基幹産業がなく，農産物の市場拡大や観光客の増加などを期待したが，財政難の上，諸外国に膨大な借金を抱えている。
S：でも，たいへんな国に援助するのが EU のいいところでは？

T：経済格差の均等化のための財政支出をしている。EU 予算全体の４分の１が，この格差是正のための予算で，この支出も大きい。

＊2020年１月31日に EU 離脱が決定した。イギリスが EU に支払う分担金は，約１兆9000億円，イギリスへの移民は EU 内外合せて約38万人である(2015年)。EU を離脱すると GDP は5.6%減少するが，経済的負担からの離脱としての選択と言えるだろう。

4 授業のふり返りと探究・対話のポイント

イギリスの EU 離脱については，東ヨーロッパ諸国の EU 加盟により財政支出が増大したことも大きい要因だ。という意味では「統合」が別の「離脱」を生んだとも言える。EU 内の所得格差問題は大きい課題だ。また，2011年に起きた「アラブの春」以来，中東や北アフリカからの難民が増えている。これらの難民は，地中海やバルカン半島を経由して，EU 諸国の中でも難民の受け入れに比較的寛容なドイツなどを目指す。しかし，住居や医療，教育など，さまざまな難民の受け入れについては EU 各国で対応が異なる。そして，ウクライナ侵攻で増大するウクライナ難民の受け入れをどうするか？　考えさせたいテーマである。

【参考文献】

・庄司克宏『欧州連合』（岩波書店）2007年
・河原和之『100万人が受けたい「中学地理」ウソ・ホント？授業』（明治図書）2012年
・佐藤敏彦「イギリスの EU 離脱に賛成か，反対か？」河原和之編著『主体的・対話的で深い学びを実現する！　100万人が受けたい社会科アクティブ授業モデル』（明治図書）2017年
・中野剛志『世界インフレと戦争』（幻冬舎）2022年

ロシア

ロシアのウクライナ侵攻を小麦から考える

1 100万人が受けたくなる！　ウソ・ホント？　授業のねらい

小麦生産が盛んであるロシアとウクライナ。この２国で約４分の１の輸出量を占める。2022年２月に勃発したウクライナ侵攻が，小麦の輸出にどんな影響を与えたか，地理的な見方・考え方から考察する。

2 学びを深める！　教材研究の切り口

ウクライナ侵攻で，ロシアはウクライナの東南部を中心に攻撃し占領しようとした。東南部は「親ロシア派」が多い地域だとの理由もあるが，黒海から中東，そしてアフリカへと続く港の確保という意味で考えると，ロシアのねらいも明らかになる。ロシアの侵攻を経済地理的観点からアプローチする。

3 対話を引き出す！　探究的な授業展開プラン

❶　冬小麦と春小麦

小麦は比較的乾燥（年間降水量800㎜以下）し，収穫シーズンに雨が降らない場所で栽培される。生産量が多いのは中国とインドで輸出量はロシアが世界一である。ヨーロッパでは，ドイツ，フランスでも生産が盛んである。

小麦は種まきの時期によって冬小麦と春小麦に区分される。冬小麦は，秋から冬にかけて種をまき，冬を越し，翌年の春から夏にかけて収穫する。春小麦は，春に種をまきその年の秋に収穫する。春小麦は，緯度が高く寒冷な地域で生産される。

❷ ロシアの小麦生産

クイズ

ロシアの小麦生産量（2021年）は8540ｔである。世界何位か？
また輸出量は，3910ｔである。世界何位か？

挙手すると，１位～３位までが多い。生産量は，中国，インドについて世界３位（約10%）である。輸出量は，世界１位（約15%）である。

考えよう

ロシアの小麦は「冬小麦」「春小麦」どちらが多いか？

S：ロシアって寒いから春小麦では？
S：寒くって冬を越せないのでは？
S：黒海の近くは比較的暖かく冬小麦も栽培できる。
T：黒海の周辺やウクライナ国境近辺では冬小麦が栽培されています。
S：でも生産量は少ないのでは？
T：実は，生産量の６～７割は冬小麦です。
S：春小麦はどこで栽培されているのだろうか？
S：シベリアは無理だから，カスピ海あたりでは？
T：西シベリアと言われるウラル山脈の東側で栽培されています。

❸ どこから輸出するか？

ロシアの小麦輸出国は「イラン」「トルコ」「エジプト」がベスト３で，この３ヵ国で約60%を占めている。

ペアワーク

ロシアはどこの港から小麦を輸出するのだろう？　地図帳をみて考えよう。

S：カスピ海かな？

S：カスピ海って湖だから海とつながっていないよ（笑）

S：黒海でしょう。　　S：黒海のどの港だろう？

S：ソチって町があるけど。

S：ノヴォロシースクという港町がある。

S：河口に川もあるから小麦を輸送できる。

S：ここからだと輸出量が多いトルコにも近い。

S：イスタンブールの港もある。

S：ここから地中海を通りアフリカへの輸出も可能だ。

＊ロシアでは安定した海上輸送として利用できるのは黒海とカスピ海である。また穀倉地帯もこの近くにあり，輸送コストを抑えることができる。

❹　ロシアのウクライナ侵攻の１つの要因

ロシア帝国時代から，不凍港を求めて領土を拡大してきたロシアにとって，黒海周辺の領土確保は重要だ。

考えよう

2014年クリミア半島を併合，2022年２月24日にはクライナ侵攻が行われ，世界が驚愕した。ヘルソンやオデーサが攻撃されたが，その理由を小麦輸出から考えてみよう。

S：ヘルソンやオデーサには港がある。

S：ウクライナの小麦はこの港から輸出される。

T：ウクライナの2021年度の小麦生産は2540万ｔで，世界の小麦生産量の約３％を占めている。

S：黒海沿岸の港を占領されるとウクライナは輸出できなくなる。

T：約2200万ｔが停滞し，輸入国であるアフリカのスーダン，エリトリア，ソマリアなどが食料不足になった。

S：2540万ｔのうち2200万ｔが輸出できないってほとんどじゃない。

S：ウクライナ侵攻によって中東やアフリカの食料危機が進むわけだ。

T：エジプトは，小麦の約80%をウクライナとロシアから輸入していたため，パンが不足する事態になっている。

S：ロシアが黒海周辺地域を攻撃したのは，ロシアの小麦などを輸出できる港を確保しようとするねらいもあるのでは？

T：過去において不凍港を求めて侵略したこととつながるね。

＊日本がロシアに返還を要求している「北方領土」は，不凍港であり，太平洋進出の拠点である。

4 授業のふり返りと探究・対話のポイント

ウクライナには，地球上で最も肥沃と言われる黒土地帯の約３割が集中している。ウクライナは「ヨーロッパのパンかご」と呼ばれるほどの小麦の大産地となっており，世界の食糧庫としての役割を担っている。この魅力的な土壌があるために，ロシアやドイツといった大国の標的になり続けてきた。今回のウクライナへのロシア侵攻の「場所」的背景だ。第二次世界大戦のとき，ドイツ軍がウクライナの土を貨車に積んで持ち帰ろうとしたというエピソードも残されている。ロシアのウクライナ侵攻は，「太陽の照る土地」と「不凍港」を求めた戦争として，負の歴史を刻んでしまった。

【参考文献】

・宮路秀作監修『地図でスッと頭に入る世界の三大穀物』（昭文社）2022年

北アメリカ

なぜヒスパニックがここに住んでいるの？

1 100万人が受けたくなる！ ウソ・ホント？ 授業のねらい

アメリカ合衆国の人種・民族の分布から，なぜそこに「ヒスパニック」「アジア系」「アフリカ系」そして「ネイティブアメリカン」が住んでいるのかを，歴史的背景や地理的条件等から考える。

2 学びを深める！ 教材研究の切り口

私の主宰する「授業のネタ研究会」で，大阪府立泉陽高校の砂川先生が，帝国書院が発信するGISを使った授業を報告した。その実践を基礎に，単なる人種・民族の分布の暗記ではなく，「なぜ，そのように分布するのか」という地理的な見方・考え方に留意した授業を構想した。

3 対話を引き出す！ 探究的な授業展開プラン

❶ ニューの多い地名

探そう

アメリカの地名には「ニュー」のつくものが多い。地図帳で探そう。

「ニューファンドランド」「ニューヨーク」「ニューイングランド」「ニューアーク」「ニューブランズウィック」など。

T：なぜ「ニュー」のつく地名が多いのだろう。

S：アメリカは新しい国だから。

T：16世紀にヨーロッパ諸国から渡ってきた人々によってつくられた国だからだね。東のほうに多い理由は？

S：最初は東のほうに住んでいたから。

T：最初は東部13州のイギリスの植民地として始まったんだね。

S：1776年に独立したから，まだ建国してから300年もたってないんだ。

考えよう

なぜ，こんな州名がついているのだろう。（諸説あり）

T：バージニア州というのは「処女地」と言われ「最初の土地」という意味だ。ではジョージア州はなぜ，ジョージア州と言うのだろう。

S：人の名前？

T：イギリスの国王ジョージ１世からその地名がついた。18世紀はじめに国王になり，この名がついた。

S：ケンタッキーもあるや。

T：フランスの国王にちなむ州もあるでしょう。

S：ルイジアナ州？

T：フランスのルイ14世にちなんだ名前だね。

S：ヨーロッパ諸国のいろんなところからやってきたんだ。

T：だからアメリカは移民の国で，人種のサラダボールと言われる。

S：アメリカは東部から内陸部への開拓が進められたんだ。

T：各地に生活していた先住民は，住んでいた場所を追われ人口が減少します。その頃，ジーパンが生まれたんだよ。

S：えっ！　ジーンズ誕生なんだ。どうして，そんな名前がついたのかな？

T：西部開拓のとき，砂漠を幌馬車に乗って走っていた際に，ズボンが破れ，馬車の覆いになっている「ホロ」からズボンをつくった人が「ジーンズ」さんだったんだよ。

S：えええ，人名だったんだ。

❷ 人種・民族の分布

アメリカには，先住民である「ネイティブアメリカン」，アフリカから奴隷として連れてこられた「アフリカ系」，メキシコや中央アメリカから移住してきた「ヒスパニック」，そして，2000年以降の移民である中国を中心とする「アジア系」などがいる。

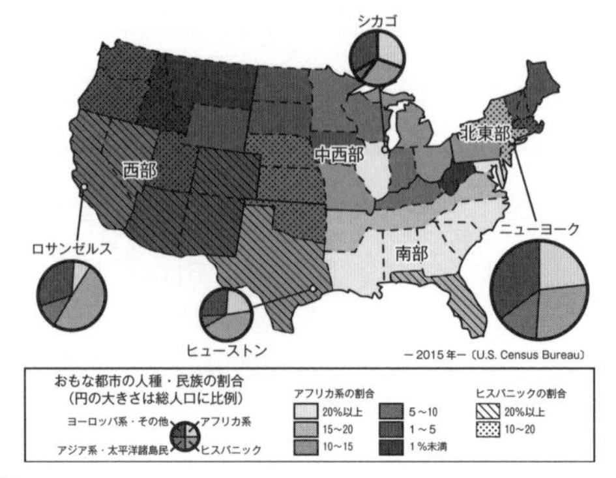

グループ討議

人種・民族地図をみると，それぞれの民族が住んでいる地域が，ある程度限定されている。「アフリカ系」「アジア系」「ヒスパニック」それぞれのグループに別れ，なぜ，その地域に住んでいる割合が多いのか考えよう。

〈アフリカ系〉

S：南東の州に多いね。　**S**：奴隷の子孫が多いのでは？

S：綿花栽培の仕事をしていたから南部の綿花地帯で多くが住んでいる。

S：確か，アメリカ南北戦争でも南は奴隷制賛成だったね。

＊アフリカからの奴隷は，カリブ海諸国でも，さとうきび農園で従事した。そこから移住してきた人たちも多い。

〈アジア系〉

S：2000年以降ということだから最近だね。

S：昔は日本人移民もいていろいろ差別されたって聞いた。

S：辺鄙なアラスカにも多いけど，東部のニューヨークや西部のロサンゼルスあたりにも多そう。

S：都会で働く人たちかな？　S：留学や大学で勤めている人とか？

S：アジア系は，比較的，裕福な人たちが多いような気がする。

＊西海岸やニューヨーク，シカゴなどの大都市に多く，アジアから船で西海岸に渡った人や，留学や研究，仕事などで大都市に住んでいる。

〈ヒスパニック〉

S：ヒスパニックってメキシコや中央アメリカからの移住者でスペイン語を話す人と書いてあるよ。

S：メキシコ国境を越えて移住してきた人たち。

S：トランプさんが，壁をつくって，流入を防ごうとしたよね。

S：アメリカの方が仕事もあるし，賃金も高いからかな？

＊ヒスパニックの割合は，カリフォルニア州などのメキシコ国境に多いが，ニューヨーク，シカゴ，ヒューストン，ロサンゼルスでも約20～50%の人口を占める。メキシコとの国境にあるエルパソでは約80%である。

4 授業のふり返りと探究・対話のポイント

1830年のインディアン強制移住法で，多くの先住民は故郷を追われ，ミシシッピ川以西への移住を強要された。居留地とされる地域では，工芸品や雑貨を土産物として売っている姿もみられる。2018年アメリカ合衆国は合計特殊出生率は1.73であり，「移民」により人口減に歯止めをかけている。白人は1.6と日本よりやや高い程度なのに，ヒスパニックが15%を占め，合計特殊出生率は２を越えている。カトリックの多いヒスパニックには「子どもは神からの授かりもの」という多産を好む価値観が背景にある（2021年は，1.66である）。

【参考文献】

・『新詳地理資料　COMPLETE　2021』（帝国書院）

日本とブラジルの大豆生産

1 100万人が受けたくなる！　ウソ・ホント？　授業のねらい

多様な観点から「大豆」を分析する。日本の大豆自給率が低いワケや，ブラジルがアメリカを抜き，生産量世界一になったワケを日本との関係から考察する。

2 学びを深める！　教材研究の切り口

「大豆」を通し，ブラジルと日本の大豆生産を往還的に考察する授業を考えた。大阪教育大学４回生（当時）の手島ともこさんの指導案を参考にした。

3 対話を引き出す！　探究的な授業展開プラン

❶ 大豆の使途

発問

大豆からつくられているものって何だろう。

＊事前に購入した大豆製品を，生徒が答えるたびに提示する。

S：豆腐。　S：納豆。　S：……。

T：日本の味を際立たせるものだよ。

S：醤油。　S：味噌。

T：江戸時代から和食の調味料の定番だね。他は？

「枝豆」と「もやし」を提示する。

＊サラダ油などの精油用にも使われている。日本人の１年間の大豆消費量は約357万ｔで世界10位である。そのうち約243万ｔがサラダ油などの精油用に使われている。

❷　北海道の生産量が多いワケ

大豆は栽培に適する気候環境が広く，１位の北海道（43％）から47位の沖縄まですべての都道府県で栽培されている（2021年：２位宮城，３位秋田，４位滋賀，５位青森，６位新潟）。

考えよう

なぜ北海道が，国内大豆生産日本一なのだろう。

S：広いから。　**S**：機械化されており大量に栽培できる。

T：だが，大豆は他の野菜と比較して収穫量が不安定で収益が低い。日本の１ａ辺りの収穫量は大豆が180kgに対して，キュウリは16000kg，キャベツ7000kg，いちご5000kgである。

❸　満州から輸入していた大豆

考えよう

日本は戦前，大豆を自給できていた。1930年以降，あることをきっかけに大豆を輸入するようになった。どこだろう。

S：1930年って何があったかな？　**S**：1931年に満州事変。

T：その後，なんという国をつくったかな？

S：満州国。

T：そうだね。日本からも多くの人が満蒙開拓団として移住していった。

S：満州からも輸入していたんだ。

T：満州事変を契機に，日本人は満州で大豆を育て，満州から安価な大豆を買うようになった。戦争もあり，これにより国内での生産量が減った。

S：戦後は？

T：1950年代あたりまで生産量は増えるが，高度経済成長期に若者の離農が進み，生産量が激減した。

❹ 大豆自給率

> **クイズ**
>
> 日本の大豆自給率は10%を越える？　それとも越えない？

「越える」が多い。理由を聞く。

S：豆腐や醤油は日本特有のものだから。　**S**：味噌は日本の味。

S：納豆を外国人が食べるってイメージがない。

T：それが……自給率は６%（食用は20%）だよ。

S：どこから輸入しているの？

T：アメリカが多く，第２位はブラジルだよ。

❺ ブラジルの大豆

日本の輸入量２位の「ブラジルの生産量は世界何位か」を問う。

「１位」「２位」が多い。2020年の生産量は１億3950ｔで，アメリカの１億1480万ｔを抜いた。２ヵ国で約70%を占める。

> **クイズ**
>
> 1970年代頃から，日本が，ブラジルの大豆安定確保のために共同で取り組んだことにより，世界第２位の生産国になった。
>
> 何をしたのか？　２つに○をしよう。
>
> ア　土壌の改良　　イ　品種改良
>
> ウ　鉄道や道路などインフラ整備
>
> エ　河川の整備　　オ　森を開発して農地に

「ウの鉄道や道路は日本が得意そう」「これは決まりだね」
「オの熱帯林を農地にするのは批判されているからないよね」
「日本は四季のある国だからイの品種改良では」
＊答えは「アの強酸性の土壌の改良」と「イの品種改良」で，おもにブラジル在住の日系人との共同で行われた。この取り組みにより，日本にとっては大豆の安定確保と，日本の5.5倍の広さをもちながら不毛の土地だった「セラード」が肥沃な土地に変わった（「セラード」とは，サバナ気候の低木地帯や草原の植生のこと）。

4 授業のふり返りと探究・対話のポイント

ブラジルの大豆生産の拡大により，畜産加工業の一大集積地もつくられ，国内でも貧困度が高い北部，北東部のセラード地帯の農業開発も行われ，国内の貧富の格差の是正にも影響している。そして，日本にとっては大豆の安定確保にもつながっている。この Win－Win の関係を構築した日系ブラジル人の貢献も一つの要因であることは嬉しい。

【参考文献】
・宮路秀作監修『地図でスッと頭に入る世界の三大穀物』（昭文社）2022年
・大阪教育大学４回生（当時）手島ともこさんの指導案

沖縄で製造業が発展しなかったワケ

1 100万人が受けたくなる！ ウソ・ホント？ 授業のねらい

沖縄は，全国平均と比較し，第二次産業の割合が低い現状を地理学の５大テーマから分析する。通常，授業では，沖縄単元は日本地理学習の冒頭に位置づけられる。地理的な見方・考え方を意識しつつ，沖縄の現状と課題，そして未来像を考える。

2 学びを深める！ 教材研究の切り口

沖縄の「位置や分布」「場所」そして「人間と自然環境との相互依存関係」から，沖縄の未来像についても考察する。以前上梓した「100万人シリーズ」の「沖縄ネタ」を参考に，見方・考え方を軸に改善し「過去」「現在」「未来」の視点から考察する授業である。

3 対話を引き出す！ 探究的な授業展開プラン

❶ 沖縄の第二次産業

グループ討議

沖縄の第二次産業の割合は，全国平均が約25%であるにもかかわらず，14.4%である（2020年）。一方で第三次産業は80.3%と多い。なぜ第二次産業の割合が低いのか？

S：観光が盛んだから，第二次産業が必要ではない。

S：日本本土から遠い。　**S：**沖縄戦で土地などが荒廃していた。
S：米軍基地があり危険だから企業が来ない。　**S：**暑いから。
S：鉄道がなく商品を運搬するのがたいへん。

初発の意見では「歴史」「気候」「位置や分布」「場所」「交通」等を意識しつつ発言している。

❷　島嶼国沖縄

考えよう

第二次産業が発達しなかった理由を，島嶼国沖縄から考えよう。

S：消費地である日本本土から遠いから商品が売れない。
S：材料や原料を調達するだけでもたいへん。
S：企業もあえて本土から遠い沖縄には会社をつくらない。
S：暑いからクーラーのなかった時代は働く意欲をなくす（笑）
T：沖縄は本土からも遠く，島嶼国であり，企業誘致や商品の輸送に困難性があるね。また一級河川が少なく，工業用水も得にくいこともその要因だ。

「位置」「場所」に関わる発問から「地形」「気候」「水」「人間生活」を軸に分析した。

❸　産業インフラの不整備

考えよう

交通や通信から考えてどうだろう。

S：鉄道が走っていない。
S：最近はモノレールはある。
S：でも荷物輸送ができない。
S：本土に運ぶのに船だと時間がかかるし，飛行機だと高い。
S：高速道路は？

T：現在は高速道路はあるが本土に比べても少なく輸送の不便さが否めない。

S：なぜ鉄道がなかったのかな？

T：産業インフラの不整備は，当時植民地であった台湾のインフラ整備を優先したことが大きい。台湾では鉄道や大学がつくられている。現在も，高速道路の整備が遅れ，鉄道はモノレールのみだ。

「空間的相互依存作用」つまり「交通」「通信」などの産業インフラと経済発展との関係で分析した。

❹ 米軍基地とアメリカ占領下の沖縄

考えよう

米軍基地をはじめ，1972年までアメリカの占領下にあった影響についてはどうだろう？

S：危険だから企業も沖縄には誘致しない。

S：基地の傍に会社はつくれない。

S：会社で働くより基地で働く。

S：戦争に巻き込まれるかもしれない。

T：工業立地に最適な土地に基地がつくられたことも大きい理由だ。歴史的にはどうかな？

S：基地で働く人や米軍の兵士の娯楽などの仕事が多かった。

T：基地依存経済だね。県民総所得に占める基地関連収入は30.4%（1965年）と高い水準だった。

＊1945年から1972年までアメリカ占領下におかれた「歴史的条件」からも考えたい。日本の高度経済成長期に占領下におかれていたため，経済成長を享受できなかった。日本本土は，１ドル＝360円という輸出に有利な円安の恩恵により，輸出関連企業が発展したが，沖縄はそれも享受できなかった。そして，本土復帰した翌年の，1973年以降はオイルショックの影響を受けた。

＊ソウルフードである「沖縄そば」についてエピソード的に触れたい。沖縄では明治以降，沖縄そば屋が広がったが，沖縄戦で焼失した。1950年代は夫をなくした女性が，生活のために店を開くケースが増加した。また，アメリカから安い小麦粉が大量に入ったことと，基地に従事する労働者たちには，安価で調理が早く，カロリーが高い昼食として人気があった。「はじめに」で紹介した「広島お好み焼き」との類似性がある。

❺ 起爆剤としての観光

グループ討議

沖縄の観光は，本土復帰した1972年度は約56万人だったが，2019年には約946万人と増加している。外国人観光客も2014年は約100万人だったのが，2018年は約300万人と同様に増加している（コロナ禍では減少）。なぜ，増えているのだろう？

S：きれいな海と琉球文化。

S：異国情緒が味わえる。

S：冬でも暖かい。　**S**：島の風情。

S：遠いのに航空機運賃が格安。

S：中国や台湾からの距離が近い。

＊「首里城」の焼失はダメージが大きいが再建が進められている。政府は，那覇空港を離発着する航空路線について，本来かかる離着陸料やその他の費用を安くして航空会社の負担の軽減をしている。

❻ 航空貨物の可能性

考えよう

那覇空港から発着する航空機には，通常とは異なり（　　）を撤去する専用機がある。（　　）に当てはまる言葉は？

S：トイレ？　　**S**：わけがわからない。
S：座席？
S：著名な人やお金持ちの専用機として使うためとか？
T：答えは座席ですが，座席をすべて取っ払い何を搭載するのでしょうか？
S：荷物専用にする。
S：貿易品。
T：日本各地から那覇空港に貨物を集め深夜にアジアに送ります。翌朝にはアジア各地でその貨物を受け取ることができます。例としては，国際ブランドである青森りんご，山梨ぶどう，新潟米，北海道メロンなど20数品目を輸出しています。
パワポで，座席が取り除かれた貨物専用機の写真を提示。

4 授業のふり返りと探究・対話のポイント

1950年以降，日本の輸出の主力品は「繊維」→「化学繊維」→「鉄鋼」→「自動車」→「半導体」と変化してきた。しかし，いずれも沖縄の製品ではない。沖縄には輸出を主力とする製造業は育たなかった。つまり多くの労働者を安定的に雇用する産業が育たなかったことで，雇用基盤が弱く，失業率も高い。

沖縄の未来には明るい側面もある。①人口増加は戦後一貫して続き2015～2020年は2.4％増であり若者人口も多い，②経済成長が著しい中国，台湾そして東南アジアに近く輸出・輸入の拠点となる，③豊かな観光資源により国内外からの観光客が多い，④東南アジアに近く，外国人労働者を受け入れやすい。一昨年，沖縄を訪れた折には，国際通りで多くの外国人店員に遭遇した。基地返還による開発利益である。元は琉球米軍司令官があった「ライカム」はブランド品や飲食店，映画館など約240の専門店が入る商業施設で約3000人が働いている。

【参考文献】

・加藤一誠，河原典史監修・執筆／飯塚公藤，河原和之執筆・編『日本あっちこっち』（清水書院）2021年

・河原和之『100万人が受けたい！　見方・考え方を鍛える「中学地理」　大人もハマる授業ネタ』（明治図書）2019年

・『朝日新聞』2022年12月９日

九州地方

土壌と熊本のトマト

1 100万人が受けたくなる！　ウソ・ホント？　授業のねらい

地理学の５大テーマである「場所」に関わる授業である。特に，水，土壌，地形等が農業に与える影響について考察する。また，人の営みが農作物に与える，「人間と自然環境との相互依存関係」についても触れたい。

2 学びを深める！　教材研究の切り口

「くまモン」のほっぺの「赤色」は，熊本県が生産日本一の「トマト」と「スイカ」を象徴する。また，米作も盛んであり，熊本産の「ヒノヒカリ」が美味しい米１位に選ばれたこともある。これらの作物はおもに熊本平野で栽培される。一方，その南側に隣接する八代平野は干拓地で作物の栽培には不適である。

なぜ，両隣の平野なので農作物が異なるのか？　こんな「切り口」から考えてみたい。

3 対話を引き出す！　探究的な授業展開プラン

❶ 「くまモン」のほっぺの赤色

ペアワーク

「くまモン」のほっぺの赤色は，熊本県の日本一の生産額のある野菜と果実を表している。何と何か？

S：サクランボ？　　**S**：リンゴ。

S：それは青森県だわ。

S：いちご。　　**S**：それはあるね。

S：スイカは？　　**S**：いいかも。

このペアは「スイカ」と「いちご」だ。

答えは，スイカとトマトである。イチゴは３位だ。熊本県の農業生産額は日本５位である（2020年）。

地図帳で「スイカ」「トマト」「イチゴ」などの記号（絵）を探す。

❷　なぜ，熊本平野では農業が盛んなのか？

考えよう

熊本県の農業生産額は日本６位だ。熊本で農業が盛んなワケを地図帳を参考に，熊本平野の「位置」「場所」（土壌，水など）から考えよう。

S：九州だから比較的暖かい。　　**S**：広い平野がある。

T：山は？

S：阿蘇山をはじめ山に囲まれている。

T：三方を山に囲まれているよね。一日の気温差は？

S：大きい。

T：夏と冬や一日の気温差が大きくなるよね。熊本は日較差の日本記録をもっています。何度くらいかな？　ペアで相談しなさい。

「15℃」「18℃」など10℃の後半が多い。「答えは24℃」である。

T：寒暖差が大きいのは農業にとってはプラスなのか？　挙手しなさい。

「プラス」「マイナス」それぞれ半数ずつくらい。

T：三方を山に囲まれ，夏と冬の気温差や一日の寒暖差が大きいと甘い果実や美味しい米が栽培できます。特に夜間が暑いと農作物は育ちにくいです。

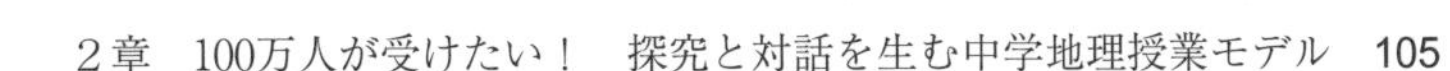

❸ 阿蘇山と土壌

発問

熊本平野には何という河川が流れているか？

S：白川。　**S**：緑川。　**S**：適当な色を言ってない？（笑）

T：源流はどこかな？　**S**：阿蘇山から流れている。

S：阿蘇山は火山だから，火山灰やゴロゴロ石なども流れてくるのでは？

＊阿蘇山の噴火活動で大量の噴出物が川に流れ込み，それが平野をつくる。上層は黒色ローム，赤土，下部は軽石，火山礫などから豊富な栄養から成り，これが養分となり農作物に影響を与えている。

❹ 干拓地八代平野

発問

八代平野は何という河川によって形成されたか？

S：球磨川。

T：球磨川は急流で有名です。三大急流って？

S：……。　**S**：１位？

T：１位は富山県の常願寺川です。オランダ人のデ・レーケが“川”ではなく“滝”だと言った川です。

S：それじゃ！　３位。

T：正解です。日本三大急流の一つです。急流だとどうなるの？

S：洪水が起こりやすい。　**S**：川が多くの砂を運んでくる。

T：川が運んでくる堆積物の影響で比較的水深が浅く，そのため埋め立てが比較的容易でした。現在の平野の半分以上は干拓により造成された土地です。

S：でも砂地だから農作物が栽培しにくいのでは？

T：そこが人間のすごいところだよ。干拓地の土壌は塩分濃度が高いから，作物の生育には適さない。そこで「塩トマト」を栽培した。

S：いかにも海水でも育つトマトみたい。

T：普通のトマトの糖度は５度程度です。塩トマトは８～10度程度となっており，小ぶりですが，糖度が高くフルーツのような甘さが特徴です。

S：なぜ甘いのですか？

T：その秘密は，寒暖差のある気温にもよりますが，干拓地なので土壌の中に塩分が多く含まれているためです。

S：トマトが水をあまり吸収しないとか？

T：果実まで水分が行き渡らず，大きくはなりませんが，味の濃い甘いトマトに育つのです。

S：へっ！　マイナスをプラスに転化している。

T：それだけじゃないよ。普通のトマトは通年流通しており，露地物の旬は６～８月頃となっている。一方，塩トマトは冬春トマトの一種であり，一般的には12～５月頃の比較的寒い時期にだけ流通している。そのため，高価格で販売される。

4 授業のふり返りと探究・対話のポイント

火山である阿蘇山，急流の球磨川から災害などのマイナスの影響を受けつつ，人間は，それに対応し働きかけ改変することにより相互依存を築いている。本稿では「場所」にこだわり，地形，土壌，気候，水を通して熊本の農業について考えた。

【参考文献】

・村瀬哲史『常識なのに！　大人も実は知らない小学社会科のギモン』（宝島社）2020年

水俣病と「甘夏みかん」

1 100万人が受けたくなる！　ウソ・ホント？　授業のねらい

水俣の「甘夏みかん」と水俣病との関連を知り，無農薬農業が行われているワケについて考える。また，水俣が公害の街から持続可能な社会の実現を目指していることを学ぶ。

2 学びを深める！　教材研究の切り口

水俣病による手足のしびれや感覚の麻痺から，漁業ができなくなった漁師が中心となり，水俣の「甘夏みかん」が誕生したこと，また，無農薬農業が琵琶湖のせっけん運動とも関係していることを知り，教材化した。

3 対話を引き出す！　探究的な授業展開プラン

❶ 「甘夏みかん」

発問

これは「甘夏みかん」です。ある意味，特別なみかんです。知りたいことを質問してください。

S：「甘夏」っていうくらいだから，甘いのですか？

T：甘いって，お菓子みたいだったらみかんじゃないでしょう。甘さと酸味がうまくミックスされています。

S：特別って？　かなり価格が高いとか？

T：とりわけ価格が高いわけではありません。

S：障がい者や病気の人が栽培しているみかんですか？

T：なかなかいいですね。

S：ハンセン病とは関係ありますか？

T：熊本水俣病の影響を受けた人たちが生産したみかんです。

*水俣病について教科書で確認する（要旨）。

1950年代から1960年代にかけて，神経や筋肉が侵される水俣病が発生。原因はチッソ水俣工場から出た排水で，有機水銀に汚染された海で育った魚を食べた住民に，手足のしびれや感覚障害が出た。中には亡くなる人もいた。

❷　なぜ，みかんづくりが？

考えよう

なぜ，水俣病と関係する人たちが「甘夏みかん」の栽培をするようになったのだろう。

S：チッソ水俣工場の失業者？

T：ヒントは水俣湾は漁業が盛んでした。

S：漁師さん？

T：水俣病ってどんな症状だったかな？

S：手足のしびれや感覚の麻痺など。

T：視界狭窄の症状もあります。

S：漁師さんにとってはたいへんなことだ。　S：漁業は無理だよね。

S：家族が水俣病になったら経済的にもたいへん。

S：手足のしびれや視界狭窄で漁業ができなくなった漁師さんたちがみかん

づくりをはじめたんだ。

T：働き手をなくし，病気の治療代が嵩むと生活できなくなり，みかん栽培をする人もいるよね。1967年から栽培がはじまり，10年後の1977年には19世帯で出荷額は900 t になりました。

❸ 減農薬栽培

グループ討議

売れ行きも良好だったが，水俣のみかんづくりに疑問をもつ人も出てきた。何だろう？

S：海の汚染もなくなったから，また漁業に戻りたい。

S：農業のやり方だよ。　**S**：機械化をして効率よくするとか？

S：農薬じゃない？。

S：それそれ！　だって公害でたいへんな目にあっているのに農薬を使うことに疑問をもつ。

次ページのチラシを配布し，通読させる。

S：“水俣の無農薬みかん”と書かれている。

S：“見た目は不ぞろいですが味は濃くておいしいです”だって！

S：へっ！　皮もママレードやお菓子に使えるんだ。

❹ 琵琶湖せっけん運動との連帯

考えよう

チラシには琵琶湖のせっけん運動との関連も書かれているね。どういうことかな？

S：滋賀県の守山市にもチッソ工場があって，社員が水俣病患者といろんな取り組みをしてきた。

T：同系列のチッソ工場だから，患者を支援してきたんだね。

S：琵琶湖のせっけん運動って？

T：琵琶湖では生活用水によって汚染が進んだ。そこで，リンの入った洗剤を使わないようになった。

S：へっ！　内容は異なるけど，公害への反対ということでつながっていたんだ。

T：素晴らしいパートナーシップだよね。

4　授業のふり返りと探究・対話のポイント

琵琶湖は，1970年代の浄化により綺麗な海になった。また，ゴミの分別も30を越え，市民，行政，企業が一体となり持続可能な街づくりを進めている。

【参考文献】

・「津奈木甘夏生産者の会」への取材

・『社会科　中学生の地理』（帝国書院版教科書）2020年版

過疎地域と官民の地域おこし

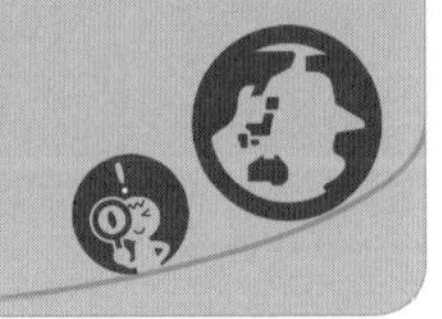

1 100万人が受けたくなる！ ウソ・ホント？ 授業のねらい

鳥取県は人口約56.6万人で全国47位だ（2019年）。過疎化も進み高齢者の割合も多い。人口が少なく，都会との「一票の格差」の解消もあり，参議院地方区では，島根県と合併し，この二県で「一人」が選出される事態になっている。人口が減少する鳥取県での官民それぞれの地域おこしの具体例を紹介し，どの解決策がいいかを議論する。

2 学びを深める！ 教材研究の切り口

鳥取ネタは約10年かけて収集してきた。10年前に訪れた第６次産業の「大江の郷」をはじめ，生産の多い「らっきょう」の販売促進を目指す「カレー消費量」アップ作戦，地震の逆境をプラスに転化した「合格まちがい梨」，そして，最後に，山間の智頭町にある高級スーパー「いかり」である。これらの教材から地域を元気にする取り組みを考えてみたい。

3 対話を引き出す！ 探究的な授業展開プラン

❶ スタバのない都道府県

発問

かつて，「スタバはないけどスナバ（砂場）はある」という自虐ネタで注目を集めた県がある。何県か？

S：スナバがヒント？
T：いいね！
S：スタバって人口が少ないと利益が上がらないから鳥取か島根では？
T：そう！　どちらかです。
S：砂場だから鳥取砂丘では？
T：正解は，鳥取県で，2014年当時，鳥取県にはスターバックスが１店舗もなく，「日本で唯一スタバがない県」として話題になりました。その後，2015年にスターバックス鳥取１号店がオープン。現在は，鳥取県と島根県が４店舗で，全国でいちばん少ないです。今回は，人口数が日本で最も少ない鳥取県が元気になる取り組みについて考えていきます。

❷　らっきょうとカレー　～官民の取り組み～

鳥取砂丘は砂漠のような乾燥帯ではない。年間2000㎜以上の降水量があり冬には雪も降る。植物が育たないのは風により砂が動いているからだ。1923年頃から防砂林の研究がはじまり，1950年頃から植林が開始され，鳥取砂丘では，らっきょうが栽培され，収穫量は１位だ。

考えよう
らっきょうを普及するために市長が推奨したことは？

S：各レストランで必ずらっきょうを置いておく。
S：道の駅でらっきょうを販売する。
T：イメージが固いね，らっきょうと言えば？
S：カレーだ。
T：らっきょうの消費量をアップするために，カレーの普及に官民をあげて取り組んでいます。「（鳥取）らっきょう」は，鳥取砂丘のような地力が低く保水力・保肥力の乏しい土壌であり「不毛の地」とも呼ばれた土地でも生育することのできる乾燥等に強い作物です。
S：鳥取のカレー消費量はそんなに多いの？

T：どうだろう？

１位から順に挙手する。１位という生徒が多い。

T：2023年１月19日『朝日新聞』（夕刊）に，「カレーしようぜ　鳥取トップ」という表題で，「カレールー購入額ランキング」が掲載されていました。鳥取市は１位で年間1800円で８箱ほど買っていることになります。

＊「鳥取発！カレールウ消費量日本一堅守プロジェクト」は，市とカレーにまつわる“秘話”や料理教室，食べ比べなど多彩な企画がある。「日本一」を守り，鳥取県産米の消費拡大にも一役買おうと県の補助金を受けて開いている。

❸　合格まちがい梨　～官の取り組み～

2016年10月，鳥取県で地震が発生した。その影響で約6300万円の被害が出たモノがあった。

ペアワーク

> 鳥取県では復興プロジェクトで，「お守り」「手ぬぐい」と３点セットで何かを販売した。何か？　ヒントは鳥取で有名なモノだよ。

S：砂。　**S**：鳥取砂丘の？　**S**：受験で砂はダメだろう。

S：崩れるイメージ（笑）　**S**：でも日本一だから強みでは。

S：梨じゃない？　**S**：鳥取の梨は有名。　**S**：でも受験との関係は？

S：間違いなしで100点！

＊鳥取県の「梨」生産量は日本５位（2019年）である。また「21世紀なし」は，全体の80％を鳥取県で生産している。「合格まちがい梨」を受験生を対象に販売した。この写真は３個入り5000円（撮影時）の商品である。

❹ 平飼い卵と山地のカフェ　～官から民の取り組み～

＊鳥取市から車で約30分のところに大江の郷がある。中国山地の裾野，山と緑に囲まれた牧場の面積は，約25000㎡にもわたり，広大な牧場で鶏を育てている。訪れた折に「動画」を撮影したので投影する。

S：ええ！　ずっと山ばっかり。

T：こんな山の中の道が30分以上続きます。

S：どんどん山奥に入っていく。　**S**：こんなところに何かあるの？

いきなり以下の写真の都会的な雰囲気のレストランに到着する。

この企業が創業されたのは，1994年であり，土地を借り，平飼いによる卵の生産，販売活動を手掛け，ブランド卵とし，付加価値の高い鶏卵をつくった。2000年には，会社組織となり，スイーツの製造，販売にも進出した。カフェでは，席に座るまで約40分待ち。オシャレなカフェには若い男女の客。そして，オシャレなウェイトレスと厨房の若い青年たちが働いていた。興味をもった筆者は，さっそく，ウェイトレスに取材を申し出た。もっとも驚いたのは2015年に全国47都道府県からの来客を達成したことだった。通信販売での販路も拡大し，地元から土地を提供されると，「大江の郷自然牧場」を開設した。牧場では「コト消費」ができることもあり年間30万人の観光客が訪れている。

クイズ

この企業によってどれくらいの雇用があるのか？

約80名／約180名／約280名

答え：約180名

❺　山深い町でちょっと贅沢　～民の取り組み～

関西の高級スーパーとして知られる「いかりスーパー」が，山深い鳥取県の人口6500人足らずの智頭町にポツンとある。関西には，兵庫，大阪を中心に30店を展開するが，すでに12年になる。当初は，「いかり」から運ばれた商品だけで売り場をつくっていた。パンやチーズ，ワインなど売れ筋商品中心だ。

ペアワーク

それぞれの商品についての町民の反応はどうだったのだろう。

ブルーチーズ／薄味の漬物／小瓶一個1000円のスパイス

S：ブルーチーズはカビが生えてる。　**S**：なるほど！

S：漬物なんて，家で漬けるもので買うものではない。

S：1000円！　誰が買う？

＊回答は，それぞれ「チーズにカビが生えとる」「味がしない」「こげなもん，誰が買うんだ」である。そこで店は地元の商品に目を向け始めた。大根のぬか漬け，甘めの醤油，交雑牛や豚，鶏などの肉である。だが「いいもの」には拘った。店はオープンから７，８年赤字が続いたが，ここ数年は黒字化している。

❻ 「地域おこし」どれがいいか？

グループ討議

官民さまざまな「地域おこし」の取り組みを紹介したが，そこから一つを選び，それぞれの取り組みの特徴を分析し，そのよさをプレゼンしよう。

〈大江の郷の事例〉

卵かけご飯を食べに行きたいと率直に思った。畜産の第六次産業という新しい形を提案し，その中で，ちょっとした贅沢気分を味わい，大事に鶏を育てているところがいい。また，地元の若者を雇用するという発想がいい。若者の田舎離れをなくし，地域の活性化につながり，カフェに活気が出る。iPad で大江の郷のある八頭町の観光客を調べると，40万人近いので驚いた。

4 授業のふり返りと探究・対話のポイント

鳥取市でカレーがよく食べられる地理的条件について考える。第１にカレーにかかせない米だ。中国山地から日本海には豊富な水が注ぐ。鳥取県は米どころだ。カレールー購入額２位の新潟市であることからもわかる。第２に，カレーの付け合わせとして食べるらっきょうである。第３に，女性の就業率の高さだ。鳥取県は，女性の生産年齢人口の労働力率が77％で全国５番目に高い。ちなみに，労働力率が79％と日本一の島根県松江市のカレールー販売額は５位である。

【参考文献】

・『朝日新聞』2023年１月19日

・河原和之『100万人が受けたい！　見方・考え方を鍛える「中学地理」大人もハマる授業ネタ』（明治図書）2019年

近畿地方

どうしてコリアンタウンは形成されたか？

1 100万人が受けたくなる！ ウソ・ホント？ 授業のねらい

JR 鶴橋駅から徒歩15分ほど歩いたところにコリアンタウンがある。キムチ，トック，ビビンバなど韓国の食品をはじめ，チマチョゴリの店もあり，地元の人をはじめ，観光客も訪れる。本稿では，コリアンタウンの成り立ちについて学ぶ。

2 学びを深める！ 教材研究の切り口

コリアンタウンを現地取材した。以前，訪れたときには，閑散としていたが，K－ポップをはじめとする韓国朝鮮ブームにより，若者を中心に一大観光地へと変貌している。興味・関心から，多文化共生社会を深める上で有効な教材だ。

3 対話を引き出す！ 探究的な授業展開プラン

❶ 在日コリアンの人口

コリアンタウンの動画を示す。

ペアワーク

以下のデータは，大阪市と生野区の人口比較だ。気がついたことを交流しよう。

	総人口	外国人	韓国・朝鮮人
生野区	126,930	27,460	20,397
大阪市	2,740,458	142,995	61,842

S：生野区は外国人の割合が多い。　　S：中でも韓国・朝鮮人が多い。

S：大阪市の韓国朝鮮人の３分の１を占めている。

＊生野区の隣の東大阪市は人口約50万人のうち韓国・朝鮮人の人口は１万772人である。東大阪市が多いのは在日韓国朝鮮人多住地区生野区に近いことによる。大阪府は，47都道府県中，在日コリアンの人数が最も多く約11万人である。

❷ 日本とコリアン文化

チマチョゴリの写真を提示。

考えよう

コリアンと日本の衣服について述べた，次の文の（　　）にあてはまる言葉を考えよう。

日本の晴れ着は着物（和服）です。韓国・朝鮮人の晴れ着は“チマチョゴリ”です。和服を着ている女性がきれいにみえる座り方は正座です。しかし，チマチョゴリは（①）の座り方がもっとも合います。正座は，韓国では，（②）の座り方とされています。ちなみに正座で座るのは日本とグアテマラのマヤ系先住民族の女性だけです。

答え：①立膝／②罪人

クイズ

日本の漬物類の生産量の１位は「キムチ」である。○か×か？

答え：○

徐々に増え，2002年のサッカーワールドカップ日韓共同開催時がピークで約38万ｔ。2012年は約20万ｔだが，２位は浅漬けで約10万ｔである。

グループ討議

Ｋポップ，焼肉，キムチなど韓国文化について，あなたは，どんな印象があるか？

Ｓ：韓国料理は日本人の口に合うし，とても美味しい。最近では，韓国と日本との合同歌手グループができるなど，良好な関係になっている。

Ｓ：音楽のレベルが高く，日本も少なからず影響を受けている。

Ｓ：日本とは異なり面白い。自国愛が強そう。

Ｓ：日本とは違う文化で，受けいれられないものもあるが，焼肉など好みの食べ物があり，悪い印象はない。

❸ なぜコリアンタウンはできたのか？

考えよう

なぜ，この地域（生野区）にコリアンタウンがつくられたのか？
３枚の写真（略）から考えよう。

〈写真１〉1923年から済州島と大阪とを結ぶ君が代丸。

〈写真２〉大阪が経済的に発展している時期を背景につくられた中小工場。

〈写真３〉コリアンタウンの東端にある平野川。

Ｓ：川を通り，工場でつくったものを船で運んだ。

Ｓ：韓国からもってきたものを船で運ぶために街ができた。

Ｓ：大阪にできた工場で働かせるため，朝鮮半島から連れてきた。

T：済州島と大阪を結ぶ航路ができ，多くの朝鮮人が大阪にやってきました。

S：大阪には工場があり働ける。

T：今のコリアンタウンの近くにプラスチック工場などがありました。

S：それを運ぶために平野川がつくられた？

T：洪水を起こす大和川の分水路としてつくられました。

S：その工事に，コリアンタウンの人が働いた。

T：その通り！　分水路をつくるという情報もあり，朝鮮半島から多くの人が大阪に来るようになった。

4 授業のふり返りと探究・対話のポイント

コリアンタウンは，当初は，生野区に在住する在日コリアンへの，食料品をはじめとするさまざまな日用品を供給するためにつくられた。しかし，2002年以降，日韓共催ワールドカップサッカー大会と韓流ブームにより観光客が訪れるようになった。生徒の「ワールドカップやＫポップなど，スポーツや音楽により，世の中を変えていくことができることがわかった」との感想にみられるように，文化は偏見や差別を一掃する。

【参考文献】

・川瀬俊治，郭辰雄編著『知っていますか？　在日コリアン　一問一答』（解放出版社）2014年

近畿地方

奈良の伝統産業

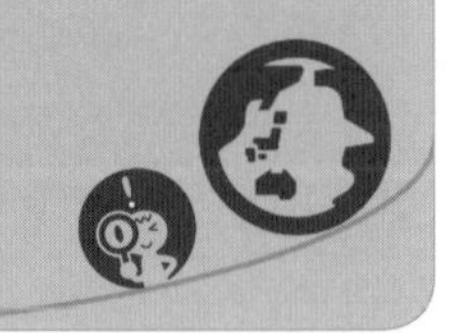

1 100万人が受けたくなる！ ウソ・ホント？ 授業のねらい

奈良県には長い歴史と伝統により発展してきた伝統産業が多い。本稿では，「歴史」「場所」「人間と自然環境との相互依存関係」などの視点から「墨」「靴下」「割りばし」「グローブ」「スキー靴」を通して考察する。

2 学びを深める！ 教材研究の切り口

教科書では，奈良県は「平城京」と，それを背景にした「伝統的工芸品」と「景観保護」が記述されている本稿では，奈良墨をはじめとする「伝統的工芸品」と，奈良県で生産量が１位のモノに視点をあてて授業化した。

3 対話を引き出す！ 探究的な授業展開プラン

❶ 奈良県が全国１位の製品

ペアワーク

> 奈良県で，次の製品の生産量は全国何位か？
>
> ①墨　②靴下　③割り箸　④グローブ　⑤スキー靴

すべて１位である。

「ええ！」「どうして？」の声！

①国内シェアのおよそ９割，墨をつくっている会社が７件，墨職人（墨工）はたったの10人である

②国内シェアのおよそ５割，大阪や岐阜でも生産される
③国内シェアのおよそ７割
④おもに三宅町で生産され，国内シェアのおよそ８割
⑤おもに広陵町で生産され，国内シェアのおよそ４割

❷　墨生産量が多いワケ

考えよう

奈良県で墨の生産が盛んな理由は？

S：寺が多いからでは。　S：寺で字を書くときに墨を使った。
S：なるほど，昔は鉛筆などなかったからね。
T：ところで，三筆という字がうまい人は誰だったかな？
S：空海さん。
T：書道の達人の弘法大師ですね。９世紀に中国から帰国したときに，筆づくりの技法を伝えたとされています。
S：え！　筆なんだ。
S：平城京があったことと関係ないんだ。
T：墨は，藤原氏の氏寺である興福寺が生産を担っていました。だから，奈良県の生産が多いのです。
＊奈良の歴史的背景が墨の生産と関連している。

❸　靴下生産量が多いワケ

ペアワーク

ペアを変えて，奈良県で靴下生産が盛んなワケを考えよう。

S：寺との関係？
T：全然関係ありません（笑）
S：材料がある。

T：材料って？

S：木綿。

T：大和木綿は江戸時代から有名です。しかし，なぜ奈良なのでしょう。奈良は，マイナスをプラスに転化しました。

S：内陸で海がない。　**S**：平野も少ない。　**S**：川も少ない。

T：奈良市は盆地にあり大きい川はありません。

S：水がないんだ。　**S**：米づくりができない。

T：水不足で米の収量をおぎなうための農家の副業として靴下生産がはじまりました。また繊維問屋のある大阪が近いというのもその理由です。

＊奈良県の盆地や大きい川がないという「自然」「位置」「場所」に関わる条件をプラスに転化した「人間と自然環境との相互依存関係」がある。そして，繊維問屋のある大阪に近いという「空間的相互依存作用」が関係している。

❹ 割り箸生産の多いワケ

ペアワーク

ペアを変え，奈良県で割り箸生産が盛んなワケを考えよう。
（価格や状況は授業時点の情報。）

S：山がいっぱいあるから材料にことかかない。　**S**：吉野杉かな？

T：全国でどれくらいの割り箸が使われているか，知ってますか？

S：20億本。　**S**：一人20本くらい。

T：約200億本です。そのうち外国からの輸入が占める割合は？

S：50%。　**S**：70%。

T：97%は海外からでほとんどが中国からの輸入です。

S：輸入がほとんどなんだ。

T：原価は，日本では１本３円，中国では１円です。

S：日本の割り箸は，価格で負けちゃう。

T：1990年は全国で359あった工場も2010年には99になりました。生き残るためにはどうすべきでしょうか？

S：安くつくる。　S：それは無理。　S：いいものをつくる。

T：高級品だね。

吉野杉でつくられた高級な箸を紹介する。

S：一本の価格は？

T：300円から400円くらいです。奈良では高級化をすすめ，今でも80数工場で生産されています。

*豊かな木材資源に恵まれた「場所」と，「付加価値」を追究した「人間と自然環境との相互依存関係」が奈良の箸を生み出した。

4 授業のふり返りと探究・対話のポイント

グローブとスキー靴生産が多いのは，皮革産業と関連している被差別部落を中心とする産業だ。奈良県でグローブが生産されはじめたのは1920年頃，伝統的な皮革生産の実績を踏まえ，美津濃運動具店からグローブ用皮の裁断を依頼されたのを契機にはじまった。スキー靴は最初は皮でつくられていた。革製品は職人の技術が必要とされたため，皮革産業が盛んであった奈良県で生産が盛んになった。

近畿地方

琵琶湖を深める

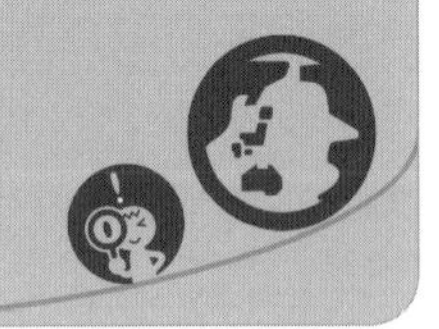

1 100万人が受けたくなる！ ウソ・ホント？ 授業のねらい

「琵琶湖の広さは滋賀県の６分の１」「琵琶湖に入る川は171本，出ていく川は１本」「伊吹山の積雪が世界一」「淀川の長さは67位，でも流域面積が７位」など興味ある事実から琵琶湖について学ぶ。また，京阪神でその水を利用する地域や環境保全について考える。

2 学びを深める！ 教材研究の切り口

「琵琶湖がなぜ日本一の湖になったのか？」琵琶湖の形成について自然地理学的に考察する。河川をはじめ山地や地殻変動がかかわっている。琵琶湖が形成されていく要因について深めたい。

3 対話を引き出す！ 探究的な授業展開プラン

❶ 交通の要地だった琵琶湖

江戸時代，琵琶湖が淀川となって大阪湾に流れる位置から，若狭湾で陸揚げされた物資や年貢が琵琶湖の水運を介して京都や大坂に輸送されていた。

クイズ

琵琶湖の交通の要地ゆえ，戦国大名も城をつくり，生活の拠点とした。安土城，長浜城そして坂本を拠点にした戦国大名は誰か？

答え：織田信長―安土城／豊臣秀吉―長浜城／明智光秀―坂本

＊しかし，江戸時代中期，そして明治時代になり，この経路は使われなくなり斜陽化していく。

❷ 出ていく川は１本の琵琶湖

考えよう

地図帳に記載されている琵琶湖から，琵琶湖の謎を解いてみようと思う。

T：琵琶湖は滋賀県の何分の１かな？
S：３分の１くらい。
T：違います（笑）
S：５分の１？
T：滋賀県の面積の６分の１です。
S：へっ！　以外と広くないんだ。
T：でも日本一面積の広い湖です。
T：なぜ広い湖になったのか？　そのワケを考えます。琵琶湖の周りの地形から気づいたことは？
S：西方には比良山地がある。
T：JR 京都から湖西線に乗ると，すぐ左側に山，右側に湖が迫ってきます。動画をみせる。
S：比良山から流れている安曇川や石田川は琵琶湖に注ぐんだ。
T：湖東はどんな地形かな？
S：湖の近くは平野が広がっている。
S：後方に鈴鹿山脈があるから，愛知川，野洲川，日野川が流れ込む。
T：周りから琵琶湖に流れ込む川は171本なんだよ。
S：えええ！　スゴイ！　出ていく川は？
S：10本くらい。
S：１本とか？

T：そう，１本です。何という川かな？

S：瀬田川では？

T：そうです。瀬田川が木津川，淀川になって大阪平野に流れていきます。

❸ 琵琶湖が広いワケ

グループ討議

琵琶湖をめぐる地形から，面積の広いワケを考えよう。

S：琵琶湖に流れ込む川が171本で，出ていく川が１本だから，琵琶湖の水量が増えて大きくなったのでは？

S：街が消滅するのでは？　S：でも自然現象だから何万年単位では？

S：川は土砂を運ぶから縮小する？

S：川が運ぶ土砂より水の量が多いから？

*琵琶湖の成り立ちは，近くまで迫る西側の山地と東側の平野に起因する。40万年前，西側の山地が高くなり，逆に東側の地面が沈み，そこに水が溜まった。流入する川が多いと土砂が溜まるが，数百～数千年周期で起こる大地震のたびに湖底が沈み土砂に埋もれなかった。湖底の土砂の厚さは900ｍもある。つまり，山地，平野，河川，地震等の「位置や分布」「場所」により琵琶湖は形成された。

❹ 日本で最も積雪量の多い山

発問

１日で積雪量が多い山は滋賀県と岐阜県の境にある伊吹山だ。1927年２月14日の記録だが，この世界記録は未だに破られていない。何ｍ82㎝か？

「５ｍ」「７ｍ」「９ｍ」と次々と発言する。 答えは「11m82㎝」である。

考えよう

その理由は，琵琶湖にある。なぜ琵琶湖の隣にある伊吹山は雪が多いのか？

S：雪ってなぜ降るんだったっけ？

S：冬の北西の季節風が影響している。

T：シベリアからの季節風だね。それが日本海を流れる暖流による水蒸気を含み，山地にあたり上昇し雲をつくるからだね。

S：ってことは水がポイントか？

S：琵琶湖がもたらす水蒸気も含んで雪を降らすんだ。

T：新幹線に乗ると関ヶ原あたりから大雪になることがあるのも，それと同じ現象です。

＊琵琶湖は，気候にも影響を与え，琵琶湖湖東や岐阜方面にも雪を降らせる。太平洋岸気候の名古屋に雪が多いのも，このことに起因している。

❺ 近畿地方の水道料金

日本の水道料金の月平均は約3000円だ。水道料金は，設備投資，つまり水源である河川や湖との距離や地方自治体の人口との関係で決定される。また季節によっても異なる。琵琶湖は「近畿の水がめ」と言われるように，水の供給に大きい役割を果たしている。

ペアワーク

大阪府の水道料金，最も高い市と安い市はどこか？

寝屋川市／藤井寺市／堺市／茨木市／池田市／東大阪市

S：淀川に近い市が安いのでは？

S：しかも人口が多い市。

S：堺市では？

S：堺市は淀川から遠いよ。

S：でも大和川の水を使っているのでは？

S：茨木市は淀川からの距離と市の人口ともクリアしている。

S：高いのは東大阪市か池田市では？

＊本ペアは，安いのは「茨木市」，高いのは「池田市」。

＊１位茨木市（2607円），５位堺市（3264円），10位寝屋川市（3407円），13位東大阪市（3514円），18位池田市（3553円），33位藤井寺市（4312円）（2022年）。

考えよう

近畿地方の県庁所在地の水道料金で最も安いのは1774円である（2022年）。何市かな？

S：大津市。

S：人口が少ないけど琵琶湖に近いからだよね。

T：２位は？

S：隣の京都では？

S：だって大津市のすぐ隣に京都市がある。

T：実は，大阪市が２位で，神戸市が３位，京都市は４位なんだ。なぜだろう？

S：ええ！　どうして４位なんだ？

T：琵琶湖から京都市への水は，琵琶湖疏水を通って供給されます。疏水の設備費用が必要なので高くなります。

＊水道水に占める琵琶湖，淀川水系の割合は，京都市は97%，神戸市は75%，大阪市は100%である。

＊琵琶湖疏水が1890年に完成し，輸送船を通すだけではなく，京都の工業の振興，田畑の灌漑，防火用水，そして飲料水の役割を果たした。

4 授業のふり返りと探究・対話のポイント

1977年５月，流域に多数の工場が進出し，人口も増えてくると，琵琶湖に赤潮が発生した。工場や家庭からの排水に含まれる窒素やリンが大量になり，それを栄養とする植物プランクトンが異常増殖したためである。

1979年リンを含む家庭用合成洗剤の使用禁止など「琵琶湖富栄養化防止条例」が制定され，これをきっかけに合成洗剤メーカーは，無リン合成洗剤を開発，1981年には茨城県でも「霞ヶ浦富栄養化防止条例」が施行されるなど環境対策は前進した。毎年７月１日は，「びわこの日」として，湖岸一斉清掃などが行われている。

また，1992年からは，「ヨシ群落保全条例」，2004年には「滋賀県琵琶湖レジャー利用の適正化に関する条例」が施行され，釣りや水上バイクなどが規制された。

【参考文献】

・河原和之『続・100万人が受けたい「中学地理」ウソ・ホント？授業』（明治図書）2017年
・河原和之編著『主体的・対話的で深い学びを実現する！　100万人が受けたい社会科アクティブ授業モデル』（明治図書）2017年
・滋賀県中学校教育研究会社会科部会編／木村至宏監修『12歳から学ぶ滋賀県の歴史』（サンライズ出版）2022年
・『朝日新聞』2022年12月４日

中部地方

自動車工業の立地条件を考える

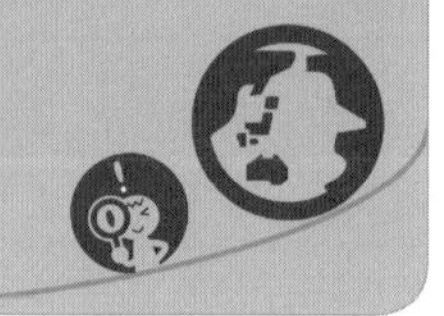

1 100万人が受けたくなる！　ウソ・ホント？　授業のねらい

工業立地には，製糸・パルプ工業などの「原料指向型」，清涼飲料水・印刷などの「市場志向型」，繊維・電気機械などの「労働力志向型」，石油化学・IC などの「交通志向型」がある。自動車工業は「集積指向型」で関連会社が近接し，原料や中間財の輸送費を節約できる場所に立地する。企業城下町である豊田市の実態と，自動車工業が盛んになった要因について，「土地」「交通」「輸送」「労働者」「部品工場」などから考察する。

2 学びを深める！　教材研究の切り口

トヨタは中国が経済発展し自動車の需要が増えたことにより，北九州の広い敷地がある宮田，苅田などの元炭鉱地帯へ移転している。九州は高速道路をはじめ空港や港も整備され交通の便がいい。また，トヨタをはじめとする自動車関連会社は，人口増加が著しいインドに移転している。インドでの自動車工業の立地条件についても考えたい。

3 対話を引き出す！　探究的な授業展開プラン

❶ 「クルマ」の町豊田

豊田市は，元々「挙母（ころも）市」で養蚕・製糸業を中心に栄えた。しかし，昭和のはじめ頃からその需要が減り，当時の町長が町の繁栄を取り戻すために，自動車工場を誘致し，1959年には市名を「豊田市」に変更した。

クイズ

豊田市には工場（従業者４人以上の事業所）が，約800あり，そのうち自動車関連工場はいくらくらいか？（2020年）また自動車関連工場で働く従業員の数は？〈05569〉の数字を並べかえよう。

答え：約330社で約40％

96055人だ。これは，市内の工場で働く約11万人に対して約87％を占めている。豊田市の2019年（令和元年）の製造品出荷額等は，15兆1,717億円で全国第１位。その中でも自動車関連工場の製造品出荷額等は，14兆6,696億円で全体の96.7％を占めている。

グループ討議

豊田市労働力状態別ピラミッド（平成27年）からわかったことを話し合おう。点々は日本の平均だ。

S：点々は日本の平均だから，若い人の人口が多い。

S：豊田で働く若者が多いからだね。

S：女性も若い人が多い。

S：結婚するからでは？

S：高齢者人口も全国と比較して少ない。

S：自動車生産が人口に大きい影響を与えていることがわかる。

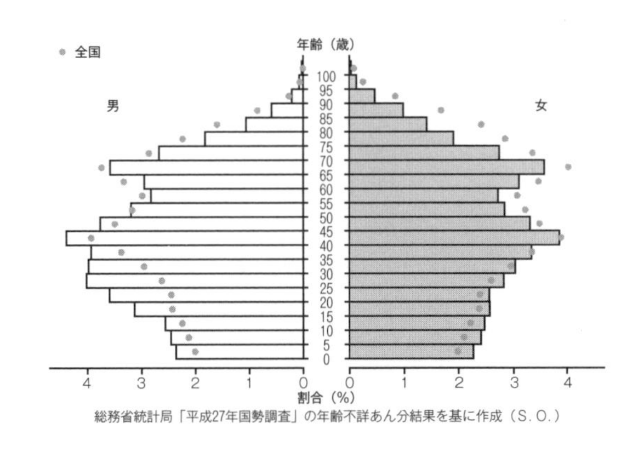

総務省統計局「平成27年国勢調査」の年齢不詳あん分結果を基に作成（S. O.）

愛知県豊田市の常人口の男女，
年齢（５歳階級）別割合（2015年10月１日）

＊男女とも45歳以下の若い人口が多いことを確認する。背景には豊田で働く従業員が関係している。

❷　地図から立地条件を考える

グループ討議

　どうして，ここが自動車会社の立地条件として適しているのか？地図帳を参考に考えよう（ヒント：場所，交通，輸送，労働者，部品工場）。

S：名古屋に近いので買ってくれる。
S：東名高速道路や東海環状自動車道が走っていて便利。
S：便利って？
S：いろいろな部品を運ぶから。
S：働きに来る人も。
S：電車も走っている。
S：名鉄豊田線ってあるよ。
S：自動車部品をつくる都市がいっぱいある。
S：岡崎。　**S**：刈谷。　**S**：知谷。　**S**：四日市。　**S**：鈴鹿。
S：中部国際空港もある。
S：飛行場は何か関係あるかな。
S：ハイテクの精密機械を運ぶのでは。
S：出張とかしやすい。
S：ってことでは新幹線の停車する名古屋駅にも近い。
S：自動車はどうして運ぶのかな？
S：船を使って港から運ぶ。
S：自動車積み出し基地って書いてある。
S：名古屋港や碧南ってところ。

　討議からわかったことを発表させる。

〈自動車生産が盛んな理由〉

　1．まわりに部品をつくる関連工場が集まる条件があること
　2．出荷するためには高速道路と大きい港が必要

3．多くの労働力を得るため大都市に近いことを確認する

❸ なぜ九州に移転したのか？

考えよう

1991年，九州福岡県の宮田と苅田にトヨタ自動車九州（株）がつくられた。なぜ九州につくられたのか？

S：土地が安く，広いから。　**S：**賃金も安い。

T：賃金はそう変わらないよ。

S：九州には新幹線もあるし，高速道路がつくられている。

S：苅田も宮田も近くを高速道路が走っている。

S：苅田には近くに空港も港もある。

T：宮田は博多港へも近いね。主にどこの国との輸出入との関係で北九州に自動車工場が移転してきたのだろう？

S：中国。

T：そうだね。中国との貿易の増加により，九州が新たな生産拠点になったのだね。

❹ トヨタがインドに進出するワケ

トヨタはインドの南西部に位置するカルナータカ州にも進出している。インドにおける日本の自動車市場は５割に近い。特にスズキは，2022年時点は225万台だが，新しい工場で100万台の生産を目指している。

考えよう

自動車会社がインドへ進出するメリットとデメリットを考えよう。

S：メリットは人口が中国を抜き世界一になっていること。
S：人口が多いと買ってくれる人も多い。
S：しかも若者が多い。
S：若者が多いと働く人も多い。
T：人口ボーナスによるメリットだね。ところで自動車の保有率はどれくらいかな？
S：10%くらい？
T：自動車保有率は３%程度だ。これから売れそうだね。他は？
S：インドはITの技術が高い人が多いから時代に対応した自動車を開発できる。
S：英語が話せるのでは？
T：イギリスの植民地だったからね。
S：海外に販売するときに英語が喋れると有利になる。
T：メリットの意見が多いが，デメリットは？
S：まだまだ貧しい人が多いから自動車はぜいたく品では？
S：道路の整備も不十分。
T：富裕層と貧困層のギャップは，まだまだ大きいが中間層が増えてきているのでチャンスだね。

＊世界最大級の人口だが，執筆時点で自動車の保有率は8.5%と低い。都市と地方，富裕層と貧困層のギャップは大きいが，中間層が増えつつあることが大きい。

4 授業のふり返りと探究・対話のポイント

自動車には３万もの部品が必要だとされている。自動車産業は，多様な工業を育てる。その関連工業が近接して立地することで，原料や中間財の輸送費を節約することができる。豊田周辺には，岡崎，刈谷，半田，四日市などの都市で金属・鉄鋼，化学，電気機械，自動車部品工業が立地している。工業集積により，道路が整備されたり，電力が安価に供給されたりするなどの利益がある。

そして，自動車工業には鉄鋼が不可欠である。鉄鋼は，鉄鉱石と石炭を使い「銑鉄」を製造し，その銑鉄から鋼材をつくる産業である。自動車に使われる薄くて強い鋼板は自動車の軽量化につながっている。トヨタを抱える愛知県の鉄鋼業製造品出荷額は何位だろうか？　2021年の日本国勢図会によると，２兆3300億円で断トツの１位である。自動車工業と鉄鋼業との関係がみえてくる。

【参考文献】

・村瀬哲史『常識なのに！　大人も実は知らない　小学社会科のギモン』（宝島社）2020年

・『週刊　エコノミスト』（毎日新聞出版）2023年１月17日

・『地理統計』（帝国書院）2021年版

なぜ東京一極集中になるの？

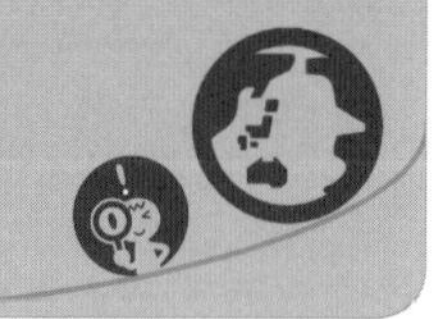

1 100万人が受けたくなる！　ウソ・ホント？　授業のねらい

人口の東京への集中が加速している。2022年の住民基本台帳人口移動報告（総務省）では，東京都は転入者が転出者を上回る「転入超過」が38023人と拡大した。なぜ，都市への一極集中が進行するのか？　東京を事例に考える。

2 学びを深める！　教材研究の切り口

ジグソー法によって，「都市化」の要因を，インフラ，労働，消費，（機会）費用から分析することから見方・考え方を鍛え，多面的・多角的に考察する事例を紹介する。本授業は大阪商業大学の学生向けに行った事例である。

3 対話を引き出す！　探究的な授業展開プラン

❶　東京の大学・外国人は？

日本の首都である東京は，世界でも有数の大都市で，日本の政治の中心として，国会議事堂や最高裁判所，経済の中心として，銀行や大企業の本店が集中している。また，大学などの教育機関，博物館・美術館などの文化施設も多く立地している。東京への集積度をクイズで考える。

クイズ

次のア～カは東京都の日本に占める割合を示した数字である。それぞれ何を表したものか？　ペアで考えよう。(2017年～2019年の数字)

ア：0.6%／イ：10.8%／ウ：20.8%／エ：26.0%／オ：34.8%／カ：67.1%

面積／人口／大学生／外国人居住者／外資系企業／国内銀行預金残高

S：確実なのはアは面積だ。　**S：**人口は1200万人くらいだからイ。

S：大学生はオかな？　**S：**34.8%だよ。多くない？

S：ウかエでは？

S：預金額はけっこう多いから，これがオでは？

S：外資系企業は，外国から日本に進出している会社で，ほぼ東京に本社を置くからカでしょう。

答え：ア　面積／イ　人口／ウ　外国人居住者／エ　大学生／オ　国内銀行預金残高／カ　外資系企業

❷ 東京への人口集中

グループ討議

東京圏の人口変化のグラフからわかったこと，考えたことを交流しよう。

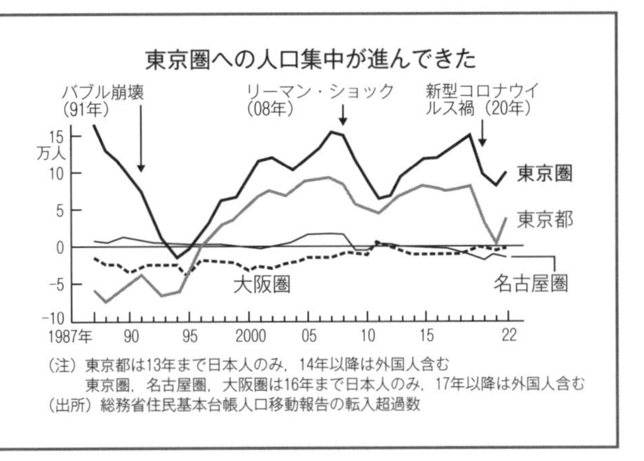

S：バブルやバブル崩壊の頃は人口が減っている。
S：リーマンショックの後は減っている。
S：地価が上昇して，とても住めなくなったのでは。
S：ドーナツ化現象だっけ。　S：それ以降は人口が増えている。
S：職場に近い方が便利だから。　S：満員電車はイヤだから。
S：通勤の時間を他のことに利用できる。
S：でも土地も家賃も高いのでは。
S：今は大阪でも都心部は高層ビルがつくられ，市内の人口が増えている。
S：時間の無駄がイヤだから，少々，家賃が高くても便利な都内で住む。

グループで発表させ，教師からコメントする。

＊地震等にも対処可能な高層ビルを建設できる技術の進歩も影響している。若者が便利な都心生活を好む傾向が強くなったこともその要因である。

＊「新四畳半生活」という若者の生活スタイルを紹介したい。「スマホ」と「コンビニ」を有効に利用した，狭いが快適な生活を追究するスタイルである。

・テレビ，ラジオ，電話，新聞→スマホ
・冷蔵庫，電子レンジ→コンビニ
・洗濯機→コインランドリー

❸　千代田区の人口

東京都千代田区の人口も1955年は122745人だったが，ドーナツ化現象により1975年は61656人，2010年は47115人と減少傾向だった。しかし，2015年は58406人，そして2020年は66680人と変化している。

クイズ

夜間人口は66680人だが，千代田区には官庁や企業の本社などもあり昼間人口は多い。10倍以上か，以下なのか？

挙手させる。多くは10倍以下。

＊答えは903780人で，10倍以上人口は増える。昼間人口がかなり多いことを数字から実感させる。

❹〈ジグソー学習〉なぜ人や企業は都市に集中するのか？

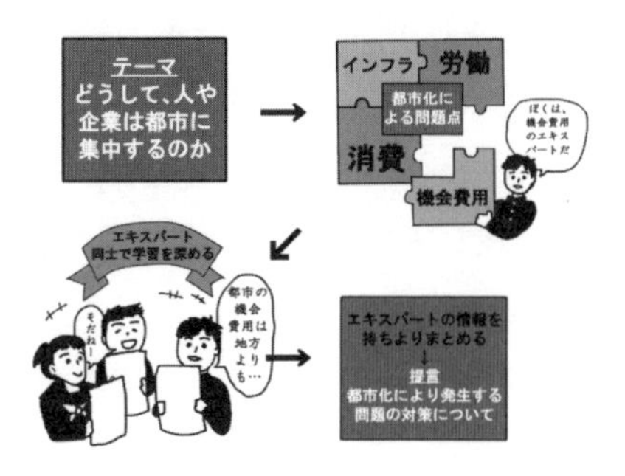

４人グループをつくり以下の４点を分担し，エキスパートへ，調べるヒントを提示する。

〈インフラ〉「道路，鉄道など交通機関，上下水道，電力が整備されている」
〈労働〉「いろいろな個性をもった人がいる」「会社に合った人を雇用できる」
〈消費〉「消費が多様である」「人口が多く個性的な商品を販売できる」
〈(機会) 費用〉「交通通信費が安い」「取引相手を見つける時間を節約できる」「企業間の距離が短く，取引費用の節約ができる」

調べよう

それぞれのエキスパートによる調べ学習を行う。

〈インフラ〉「道が整備され移動しやすい」「物や情報が素早く手に入るので便利」「中央官庁があるため，行政サービスが受けやすい」
〈労働〉「最低賃金が高く，多くの働く人が集まる」「就職する際の選択肢が多い」「企業は人口が多いので能力を高い人を見つけることができる」
〈消費〉「いろいろなサービスがある」「ビッグサイズの服でも売れる」「マイナー料理でももうかる」「スポーツクラブも人口が多いので維持できる」「映画館，博物館などをつくっても経営が成り立つ」

〈(機会) 費用〉「地方では経験できないことを経験できる」「華やかなイメージ」「いろいろな施設やサービスがある」「会社同士の情報交換や取引がしやすい」

グループ討議

４つに分かれ，それぞれのプレゼンの後，新たな発見があったことを中心にまとめる（エキスパート会議）。

〈インフラ〉交通機関が発達しているので，移動が便利になるだけではなく，駅の発達は，その周辺を活性化させます。駅に人が集まることにより，駅近にデパ地下ができたり，駅周辺にコンビニが多くなります。また，宿泊者用のホテルが建設されます。都市はバリアフリー化にも対応しており，障がい者も電車による移動が可能になります。

〈労働〉労働者は，高い賃金を求めて都市に集中します。東京の最低賃金は，1072円，大阪は1023円で，福岡を除く，九州の853円を見ると，その差は一目瞭然です（2022年)。企業も，多くの人が集まれば，その中からよりよい人材を確保できます。また，地方にない職種があり，個性を生かせる職があります。

〈消費〉都市化の広がりは，ループするように広がっていきます。人が多く集まることで，消費する金額が増え，得られた利益は賃金として，都市に暮らす人々に還元されます。また，他地域から人が集まれば，サービスも増え，消費が増えます。海外からも多くの観光客が訪れ，経済効果を生み出します。

〈(機会) 費用〉JR，地下鉄，私鉄，バスなど多様な公共機関が充実しており，都市部では，わざわざ自家用車をもつ必要がなく，自動車税の削減，通勤・通学費の削減，時間短縮にもつながります。企業にとっても，「大量生産」「大量消費」が可能になり，効率がよくなります。

＊５人のエキスパートのプレゼンを行い，その情報をもとにまとめる（略)。その後，一極集中への対策について提言する。

〈提言〉各省庁の地方移動

地方の過疎化が進み，都市部で災害が発生する甚大な被害が出るという問題である。これは，現在，実験的に行われている各省庁の地方移転を推進すべきではないだろうか？　省庁の役人やそれに関わる企業が，地方に移動することで，地方の過疎化は抑制され，都市部で災害が発生しても，別の地域の省庁が対策指示を出すことができる。

4 授業のふり返りと探究・対話のポイント

都市化は，経済学からは以下の５点から分析が可能である。

「比較優位」（許認可を得るのに官公庁が近い），「規模の経済」（大量生産が可能になり効率的），「集積の経済」（シリコンバレーにみられるような空間的近接性），「労働の多様性」（人口が多いと個性や特性のある人々が存在），「消費の多様性」（人口が多いと特殊な商品やサービスにも需要がある）からの考察が可能である。それぞれの意見や提案について，一般化する。渋滞による「混雑」の損失は全国で年間38.1億時間とされている。これは「機会費用」の損失である。また，ゴミや二酸化炭素の排出による「外部不経済」がある。都市と地方との格差は，「市場原理」によるところが大きいが，「政府の役割」から，その対策について考察する必要がある。都市と地方では，社会的インフラの格差は拡大している。また，農業の衰退を補うために，公共事業により地方に雇用を生み出す政策は破綻している。このような「議論」をすることも可能である。

【参考文献】

・日本経済新聞社編『身近な疑問が解ける経済学』（日本経済新聞出版）2014年

・田村秀『地方都市の持続可能性』（筑摩書房）2018年

・河原和之『100万人が受けたい「中学地理」ウソ・ホント？授業』（明治図書）2012年

・『中学生の地理』（帝国書院）2021年

北海道地方

ニセコ町の人口が増え，釧路市が減るのはなぜ？

1　100万人が受けたくなる！　ウソ・ホント？　授業のねらい

北海道の人口は2020年時点で約522万人であり人口減少が続く。札幌市は1.2％増の約198万で一極集中が進行している。道内人口に占める札幌市の割合は37.8％に達した。人口が増えたのは，千歳市，ニセコ町，占冠村など12市町村である。一方，減少したのは，月形町，夕張市，函館市，釧路市など多くの市町村に及ぶ。人口が増えた市町村，減った市町村から北海道の変化について考える。

2　学びを深める！　教材研究の切り口

北海道の人口は明治以降の歴史の中で，１位と47位の両方があった。“驚き”は意欲を喚起し「なぜだろう？」と思考を活性化させる。そして，北海道には人口が増えている都市，減っている都市がある。その要因を分析することから，北海道の一端が見えてくる。

3　対話を引き出す！　探究的な授業展開プラン

❶　北海道の人口？？

クイズ

北海道が，明治維新以降，47都道府県の中で，最も人口が多かった順位と少なかった順位は何位か？　ペアで考えよう。

S：多かったのは東京，大阪より多くなることはないから３位かな？
S：神奈川も多いから４位では？
S：北海道は明治以降になって開発されたから，明治のはじめは47位では。
本グループは「４位」と「47位」。
＊人口が多かったのは1945年の352万人で「１位」である。アジア太平洋戦争で，本土空襲が激しくなった頃，本土から多くの人が疎開したことによる。少ないのは1884年の23万人で，北海道が開拓された頃である。全国から移住するようになり徐々に人口が増えてきた。

❷ 人口増加の市町村

北海道はもちろん，全国の人口は減少が続き，増加している市町村はほとんどない。その中でも増加しているベスト10は以下のようである。中でも占冠村の増加率は全国№１である。

北海道で人口増が目立つ市町村

市町村	人口	増加数
札幌市	197万5065人	２万2709人
千歳市	９万8019人	2371人
恵庭市	７万378人	676人
江別市	12万1145人	509人
東川町	8315人	204人
ニセコ町	5077人	119人
倶知安町	１万5137人	119人
占冠村	1307人	96人
赤井川村	1165人	44人
鶴居村	2564人	30人

(出所) 2020年国勢調査速報。15年確報と比較

❸ 江別市と札幌市の人口

千歳市，恵庭市，江別市の場所を地図帳を確認する。

考えよう

札幌市の人口は年々増加し，一極集中が進んでいる。またその周辺の千歳市，恵庭市，江別市も人口が増加している。その理由を考えよう。

S：札幌は千歳空港からも近く，北海道の中心だから。

T：北海道の中心って？

S：会社をはじめ役所，学校も多い。　**S**：繁華街もある。

S：千歳市は札幌空港があり交通の便もいい。

T：恵庭市や江別市は？

S：札幌市に近いのでベッドタウンになっている。

S：地図でみると，鉄道や車を使い札幌市に近い。

江別市 HP 掲載の交通地図をみせる。

＊札幌はいうまでもなく人口急増都市である。北海道の37.8%を占め，道内からの転入者も多い。企業の本社の移転などもあり一極集中が進んでいる。また，交通の便がいい周辺都市でのベッドタウン化が進んでいる。

❹　ニセコ町の人口増のワケ

ニセコ町と占冠村（しむかっぷむら）を地図帳で確認する。

占冠村（しむかっぷむら）は，北海道のほぼ中央にあり，名前の由来はアイヌ語の「シモカプ（shimokap）」からで，『とても静かで平和な上流の場所』という意味。「星野リゾート　トマム」があり，毎年多くの観光客が訪れる。

これが，人口増加の要因である。具体的には，ニセコ町から考える。

考えよう

ニセコ町は，1955年に人口のピークをむかえ，80年代に半減したが，近年は少しずつ増えている。なぜ人口が増えているのか？

S：観光地だから人がいっぱい来る。

T：観光客が多いとなぜ人口が増えるの？

S：お土産屋などで働く人が増える。　**S**：ホテルの従業員とか。

T：ニセコはどんな観光地かな？

S：スキー客が多い。

T：夏場は観光客が来ないのでは？

S：登山客は？

T：何という山？

S：羊蹄山。　**S**：ゴルフもできるのでは？

T：涼しいところで，ゴルフはいいよね。他は？

S：サイクリング。

T：夏は，カヌーやラフティング，釣りができるよ。

S：夏も冬も通年でできるんだ。

T：外国人の観光客も多い。自国ではスキーができない季節に北海道でスキーができる。どこの国かな？

S：オーストラリア？

T：オーストラリアのスキー観光客は，２週間程度滞在します。最近は，アジア地域からも注目されています。観光客が増えると，ホテル，スキー場，ラフティングの従業員等，仕事が保障され人口が増加します。

＊以前オーストラリア人は欧米のスキー場を訪れていたが，飛行機で７～８時間と距離も遠く時差が大きい。日本とオーストラリアの時差は約２時間で，その負担が少ないため，日本に来るようになった。アジアからの観光客も増え，ホテル，ラフティングなどのレジャーに関わる従業員らの，仕事が保障されることで人口が増える。こうしたニセコ町のリゾート化は町の国際化にも寄与している。外国人住民は約300人（2017年）で，役場ではニュージーランド，中国，韓国，イギリス，スイスの外国人職員も働いている。ニセコは観光を起爆剤にしながら，人口減少に歯止めをかけ，国際化に対応している。

❺ 釧路市，函館市の人口減のワケ

北海道で人口減が目立つ市		
市町村	人口	減少数
函館市	25万1271人	1万4708人
小樽市	11万1422人	1万502人
旭川市	32万9513人	1万92人
釧路市	16万5230人	9512人
室蘭市	8万2457人	6107人
北見市	11万5608人	5618人
岩見沢市	7万9424人	5075人
網走市	3万5783人	3294人
登別市	4万6447人	3178人
稚内市	3万3584人	2796人

(出所) 2020年国勢調査速報。15年確報と比較

釧路市を地図帳で確認する。

グループ討議

釧路市は1980年の22万８千人の人口をピークに2005年は19万人，2015年は18万１千人，そして2020年は16万５千人と人口が減少してきた。その要因を釧路市の産業構造の変化から考えよう。

S：釧路市ってどんな産業が盛んなのかな？
S：地図帳を見てみよう。　**S**：港があるよ。
S：ほっけとさんまが獲れる。　**S**：資料集をみて！
S：水揚げ量はかなり多い。　**S**：全国でもトップクラス。
S：ってことは人口減とは関係ないかな？
S：でも，漁業って地球温暖化や200海里の漁業規制で水揚げ量が減っている。
S：パルプって書いてあるから，これは人口減に影響する。
S：木材でつくられる家が少なくなったから？
S：輸入材も増えた。　**S**：若い人も林業をやらなくなった。
S：釧路炭鉱ってあるよ。　**S**：今，石炭はほとんど掘っていない。
S：失業するから人口が減る。
S：でも釧路湿原って観光地もあるよ。　**S**：旅行で湿原は行く。

S：これは人口増の要因だね。

人口減の要因について発表する。本グループは，石炭から石油へのエネルギー転換と200カイリをはじめとする漁業に対する各種規制が要因。

＊釧路市の人口減の要因は，200カイリをはじめとする漁業に対する各種規制と，紙パルプ工場の縮小，太平洋炭鉱の閉山による。

＊函館市は北海道の中でも早く開発が進んだ街であり，海運の要衝として栄え，大正時代には札幌市よりも人口が多かった。しかし戦後になり本州と北海道は空路がメインとなり，北海道の玄関口は函館港から新千歳空港へと移り，港街の函館市は重要性が急落した。そのため，会社などが函館市から撤退したりと，若者を中心とする社会減が大きい。

4 授業のふり返りと探究・対話のポイント

人口増のニセコだが，「安い日本」の象徴になり，豊富な資金をもつ海外から，町そのものを購入される格好のターゲットになり，ラーメンが2000円など，物価や地価の上昇が続く。

他都市の人口減の要因についても考える。北見市は，製材業の衰退。旭川市は地元企業の衰退，支店，支社の撤退がある。帯広市は食品製造，農機具製造業の衰退が要因である。これら人口減の要因を地図から読み取らせたい。

【参考文献】

・山崎朗『東京飛ばしの地方創生』（時事通信社）2016年

・中藤玲『安いニッポン』（日本経済新聞出版）2021年

おわりに

筆者がもっとも大切にしていることは“学力差のない”授業である。これは筆者の原点である東大阪での“苦い”体験による。おもしろくない授業に対して「モノ申す」生徒がいっぱいいた。「机に伏す」「騒ぐ」「エスケープ」などいろいろな方法で抗議した。信頼のない教師がいくら注意しても，いっそう反発が広がるだけである。真面目に授業を受けようとする生徒も，不甲斐ない教師にうんざりである。けっして“怖く”ない筆者は，深夜に及ぶ教材研究で“凌ぐ”以外なかった。東大阪の“率直”な生徒と，筆者の“ヤワな性格”が生み出したのが“学力差のない”授業である。

それが，2012年刊行の『100万人が受けたい「中学社会」ウソ・ホント？授業』シリーズ（明治図書）で結実した。本書は，大病の病室で執筆したことを「あとがき」に記した。その後，『続』『見方・考え方』『ワーク』と100万人シリーズを上梓した。そして，今回の『探究・対話』である。「知識」は，興味あることとの関係で習得すると，「ウソ？」「ホント！」と知的興奮とともに獲得できる。だが「探究」課題は，思考が連続するケースが多く，興味が「深い学び」へとつながる設定が不可欠だ。“学力差のない”授業は，SDGs の理念である「誰ひとり取り残さない」で周知のこととなった。またすべてが満たされた状態で，継続性のある幸福を意味する「ウェルビーイング」も一般的になった。こんな授業が広がることを願ってやまない。

本書を企画していただいた明治図書出版の及川誠さんとは20年近くのお付き合いになった。増刷が決まると同時に次の企画が提示され，充実した日々を過ごさせていただいていることに感謝したい。また，校正，データ等を緻密に確認していただいた杉浦佐和子さんにも感謝している。この場を借りてお礼を申し上げたい。

2023年８月　河原和之

【著者紹介】

河原　和之（かわはら　かずゆき）
京都府木津町（現木津川市）生まれ。
関西学院大学社会学部卒。東大阪市の中学校に三十数年勤務。東大阪市教育センター指導主事を経て，東大阪市立縄手中学校退職。現在，立命館大学，大阪商業大学他，５校の非常勤講師。授業のネタ研究会常任理事。
NHK わくわく授業「コンビニから社会をみる」出演。
月刊誌『社会科教育』で，「100万人が受けたい！　見方・考え方を鍛える中学社会　大人もハマる最新授業ネタ」を連載。

【著書】

『100万人が受けたい！　見方・考え方を鍛える「中学社会」大人もハマる授業ネタ』シリーズ（地理・歴史・公民），『続・100万人が受けたい「中学社会」ウソ・ホント？授業』シリーズ（地理・歴史・公民），『スペシャリスト直伝！中学校社会科授業成功の極意』，『100万人が受けたい「中学社会」ウソ・ホント？授業』シリーズ（地理・歴史・公民）（以上，明治図書）などがある。

イラスト：山本　松澤友里
1982年大阪府生まれ。広島大学教育学部卒。東大阪市立中学校に５年勤務。『ダジャレで楽しむタイ語絵本』（TJ ブリッジタイ語教室）を制作。現在は奈良県内複数の小中学校にて勤務。

100万人が受けたい！　探究と対話を生む
「中学地理」ウソ・ホント？授業

2023年９月初版第１刷刊 ©著　者 河　原　和　之
発行者 藤　原　光　政
発行所 明治図書出版株式会社
http://www.meijitosho.co.jp
（企画）及川　誠（校正）杉浦佐和子
〒114-0023　東京都北区滝野川7-46-1
振替00160-5-151318　電話03(5907)6703
ご注文窓口　電話03(5907)6668

＊検印省略　組版所 長野印刷商工株式会社

Printed in Japan　ISBN978-4-18-265767-2

もれなくクーポンがもらえる！読者アンケートはこちらから →